Mutter Teresa

Missionarin zwischen Nächstenliebe und Dunkelheit

ROBERTA METZGER

MUTTER TERESA 1910–1997

Eine Einleitung für Gläubige und Skeptiker

Versetzen Sie sich in die Rolle eines Zuschauers: Sie sehen eine alte, gebeugte Nonne mit einem von Runzeln zerfurchten Gesicht. Sie trägt einen weißen Sari, hat die Hände vor der Brust gefaltet. Ein Bild von der »mächtigsten Frau der Welt«, wie UN-Generalsekretär Perez de Cuellar 1985 sagte? Sie beginnt zu sprechen. Die Stimme ist nicht besonders wohltönend, ihr Englisch hat einen starken Akzent und ist nicht ganz frei von grammatikalischen Unebenheiten. Ihre Worte sind einfach, die Sätze nicht besonders ausgefeilt. Und doch lauschen ihr Hunderte von Zuhörern gebannt. Es muss daran liegen, was sie sagt: Sie erzählt von Jesus, von Gott, von seiner Liebe zu den Menschen. Aber warum sind auch die vielen Nicht-Christen bzw. Angehörigen anderer Religionen sichtlich beeindruckt?

Sie spricht weiter, erzählt von ihrer Arbeit: Sie und ihre Mitschwestern sammeln sterbende Menschen in den Straßen auf. Sie versuchen, ausgesetzte Kinder am Leben zu erhalten, betreuen geistig Behinderte, um die sich niemand kümmern will. Sie pflegen Kranke. Jetzt ist vermutlich fast jeder bereit, diese Frau für ihr Tun zu bewundern. Und dann kommen Bilder: Die alte Frau beugt sich über ein winziges Kind, offensichtlich ein viel zu früh geborenes Baby, dessen Gesicht eigentlich nur aus riesigen Augen besteht. Die Frau nimmt das Kind behutsam in die Arme, hält es wie etwas unglaublich Wertvolles. Sie lacht. »Ich sehe Leben in seinen Augen!«, ruft sie.

Nächste Szene: eine Stadt im Bombenhagel, es ist Beirut 1982, es herrscht Bürgerkrieg im Libanon. Die Nonne zwischen Rot-Kreuz-Mitarbeitern, offensichtlich bei einer Rettungsaktion. Sie hebt ein schwerbehindertes Kind hoch und wiegt es in den Armen. Dann ihre Stimme aus dem Off: »It's all for God.« Das Ganze wird untermalt mit teils lieblicher, teils dramatischer Musik.

Weder der Skeptiker noch der Un- oder Andersgläubige, vielleicht noch nicht einmal der Zyniker kann sich diesen Bildern und dieser Stimme verschließen: Mutter Teresa war eine ungewöhnliche, eine außergewöhnliche Frau. Sie hatte ihr Leben Gott und den Armen verschrieben und war bereit, dafür sich selbst aufzugeben. Warum? Weil sie »total, leidenschaftlich und verrückt in Jesus verliebt war«, so steht es in dem 2007 erschienenen Buch von Pater Brian Kolodiejchuk, der auch Postulator in Mutter Teresas Seligsprechungsprozess war. Doch wie kam es, dass aus der Berufung einer jun-

Mutter Teresa lachte gerne, auch wenn ihr nicht immer danach zumute war.

gen Nonne das Phänomen »Mutter Teresa« wurde, dass aus einer einfachen Frau eine »Ikone der Nächstenliebe« wurde, die heute noch Vorbild für viele Jugendliche ist? Obwohl man inzwischen weiß, dass ihr weltberühmtes Lächeln oft nur eine Maske war, unter der sich ein tiefes Gefühl der Verlassenheit verbarg? Warum wurde eine Frau, deren persönliches Besitztum aus drei Garnituren Saris und einem Rosenkranz bestand, direkt mit dem amerikanischen Präsidenten Ronald Reagan verbunden, wenn sie im Weißen Haus anrief?

Mutter Teresa wollte nicht, dass über sie als Person geschrieben wird, das hat sie zu Lebzeiten immer wieder betont. Die Aufmerksamkeit sollte sich auf die Werke ihres Ordens und auf Gott richten, nicht auf sie. Nein, das vorliegende Buch hätte ihr vermutlich nicht gefallen, denn es sind zu viele Lebensdaten genannt, es werden zu viele Fragen gestellt, die sie nie beantworten wollte. Dazu kommen noch die zeitnahen Ausschnitte aus ihren »geheimen« Briefen, die einen tiefen Einblick in ihr Innerstes erlauben und die sie niemals veröffentlicht haben wollte. Doch vermutlich hätte sie der Autorin großzügig verziehen, denn das war eine ihrer großen Stärken. So kann jeder, der dieses Buch liest, diese Frau, Missionarin, Ordensgründerin und Berühmtheit näher kennenlernen und sich sein eigenes Urteil bilden.

Verliebt in Jesus
VON SKOPJE NACH KALKUTTA

Mutter Teresa wehrte Fragen zu ihrer Kindheit in Skopje meist ab. »Ich bin ein Nichts« war eine ihrer üblichen Äußerungen dazu. »Über mich gibt es nichts zu berichten. Das Leben von Jesus wurde zu seinen Lebzeiten auch nicht aufgeschrieben. Und ich bin doch nur ein Werkzeug in den Händen Gottes. Deshalb sollt ihr nicht von mir sprechen, sondern von dem Werk, zu dem mich der Herr berufen hat.«

»Besondere Voraussetzungen bringe ich keine mit, ich möchte einfach nur in der Mission tätig sein, und für alles Weitere stelle ich mich vollständig Gott zur Verfügung.«

AUSZUG AUS AGNES' BRIEF AN DIE OBERIN DES LORETO-ORDENS

Dennoch hat ein Heer der Biografen einige Fakten aus ihrer Vergangenheit zusammengetragen, wobei die Anzahl an vagen und oft wohlmeinenden Erinnerungen bei Weitem überwiegt. Mutter Teresa selbst sorgte dafür, dass möglichst wenig historische und persönliche Zeugnisse über sie in die Öffentlichkeit gelangten. Die Unsicherheiten fangen schon beim Geburtsdatum an: Mutter Teresa wurde als Agnes Gonxha (albanisch für »Blütenknospe«) Bojaxhiu am 26. August 1910 in der Stadt Skopje geboren. In der Literatur findet sich zwar vielfach der 27. August als Geburtstag, doch dies war wohl der Tag, an dem sie getauft wurde.

Skopje, heute Hauptstadt von Mazedonien, gehörte in Agnes' Geburtsjahr noch zum Osmanischen Reich. Vor dem Ausbruch der Balkankriege (1912–13), in denen die Stadt von der serbischen Armee erobert wurde, lebten etwa 48 000 Einwohner dort. Damals war noch mehr als die Hälfte der Bevölkerung Skopjes muslimischen Glaubens, doch dieser Anteil nahm in den nächsten Jahren stark ab (1921: 58 000 Einwohner, davon rund 25 Prozent Muslime). Schon unter der türkischen Herrschaft war es der christlichen Minderheit jedoch gestattet, ihre Religion auszuüben.

Agnes war das dritte Kind von Nikola und Drana Bojaxhiu, sie hatte zwei ältere Geschwister: ihren Bruder Lazar und ihre Schwester Aga. Der Vater stammte aus einer wohlhabenden Familie und war in Skopje als Kaufmann und Bauunternehmer tätig. Er war eine führende Persönlichkeit im wirtschaftlichen und politischen Leben Skopjes und ein Förderer von Kunst und Kirche. Ebenso wie seine Ehefrau Drana legte er großen Wert darauf, dass seine Kinder im katholischen Glauben erzogen wurden. Mutter Teresa schilderte ihre Mutter später als »sehr gottesfürchtige« Frau mit streng traditionellen Vorstellungen, die sie an ihre Kinder weitergab. Agnes und ihre Geschwister hatten in ihrem Elternhaus eine liebevolle und glückliche Kindheit, trotz der Unruhen durch albanische Aufstände und der Balkankriege. Gastfreundschaft wurde im Hause Bojaxhiu großgeschrieben, und schon

Die junge Agnes Bojaxhiu entdeckte schon früh die Liebe zu Jesus.

Skopje, die Geburtsstadt von Mutter Teresa, liegt heute in Mazedonien.

früh lernte Agnes, dass weder Reiche noch Arme an der Tür abgewiesen wurden. »Iss nie einen einzigen Bissen, ohne ihn mit anderen zu teilen«, soll Vater Nikola seinen Kindern eingeschärft haben. Die katholische Erziehung mit dem Kernbegriff der Nächstenliebe war keine Theorie, sondern wurde den Kindern vorgelebt. Agnes' Mutter besuchte und versorgte beispielsweise regelmäßig eine alte kranke Frau, und ihre jüngste Tochter begleitete sie dabei oft. »Wenn ihr Gutes tut, so tut es still, als ob ihr einen Stein ins Meer werft«, lautete eine Botschaft der Mutter an ihre Kinder, denn nicht die eigene Tugend sollte bei guten Taten hervorgehoben werden. Ein fester Bestandteil des Familienlebens war das gemeinsame abendliche Gebet. »Eine Familie, die zusammen betet, bleibt zusammen«, sagte Mutter Teresa viele Jahre später wiederholt.

Als Agnes acht Jahre alt war, starb überraschend ihr Vater: Von einer seiner politisch motivierten Reisen – er war ein großer Anhänger der albanischen Nationalisten – kehrte er schwer krank zurück und starb kurz nach seiner Rückkehr. Die Hintergründe seines Todes sind bis heute ungeklärt. Ob er tatsächlich vergiftet wurde, wie manche Familienmitglieder mutmaßten, ist nicht mehr zu klären. Für die Bojaxhius änderten sich die Lebensumstände dramatisch: Zwar stammte auch Drana aus einer wohlhabenden Familie, doch nun stand sie plötzlich mit ihren drei Kindern ohne jegliches Einkommen da. Doch Agnes' Mutter war eine äußerst charakter- und willensstarke Frau – Eigenschaften, die man später bei Mutter

Teresa auch feststellen kann. Agnes' Bruder Lazar sagte über seine Mutter: »Sie war eine starke, felsenfeste Frau, aber gleichzeitig mild, generös und barmherzig den Armen gegenüber. Sie war sehr religiös. Ich glaube, Agnes gleicht sehr unserer Mutter, ich entdecke in ihr immer wieder die gleichen Eigenschaften.« Drana begann, sich und die drei Kinder mit Stoffhandel und Näharbeiten über Wasser zu halten. Nach wie vor fanden arme Leute ihren Platz am Tisch der Familie. Mutter Teresa berichtete später über diese Zeit: »Viele Arme aus Skopje und Umgebung kannten unsere Tür. Nie ist jemand ohne Gaben von uns weggegangen. Jeden Tag war ein Gast beim Mittagessen. Zu Beginn fragte ich meine Mutter: Wer ist das? Und sie antwortete mir: Einige sind Verwandte, und die anderen gehören auch zu uns. Später habe ich begriffen, dass es Arme waren, die meine Mutter ernährte.«

Eine Gedenktafel an der Stelle, an der das Geburtshaus von Mutter Teresa ursprünglich stand.

Agnes besuchte eine katholische Grundschule und später ein staatliches Gymnasium. Sie war eine gute Schülerin und hatte wohl Talent zum Schreiben. Vor allem hatte es ihr jedoch die Musik angetan. Gemeinsam mit ihrer Schwester sang sie im Kirchenchor, und sie spielte auch ein Instrument, die Mandoline. Abgesehen von ihrer schwächlichen Konstitution – sie war sehr zart gebaut und litt unter chronischem Husten – war sie ein ganz normales Kind, wie ihr Bruder bestätigte. Vielleicht ein »bisschen zurückgezogen und weltabgewandt«, doch sie hatte viele Freundinnen. Schon damals machte sie keine großen Unterschiede, welcher Religion oder welcher Nationalität jemand angehörte – zu jedem war sie liebenswürdig. Den Männern gegenüber sei sie allerdings immer ein wenig »scheu« gewesen, beschrieb Lazar seine kleinere Schwester. Ein weiterer Charakterzug war laut ihrem Bruder ihre Selbstlosigkeit: Sie selbst hätte keine Marmelade aus dem Schrank stibitzt, wäre ihrem Bruder dabei aber gerne behilflich gewesen.

Fragte man Mutter Teresa später, in welchem Alter sie sich für ein religiöses Leben berufen fühlte, sprach sie von etwa zwölf Jahren. Aber »es war keine Vision. Ich habe niemals Visionen gehabt«. Stilles, meditatives Beten faszinierte sie, und bei den häufigen Kirchenbesuchen hatte sie dazu genug Gelegenheit. Aber ob sie wirklich dazu berufen war, »völlig Gott zu gehören«? Das junge Mädchen war sich da keineswegs sicher. Beeinflusst wurde Agnes in dieser Zeit vom Jesuitenpater Franjo Jambrekovi, der im Mai 1925 die Heilig-Geist-Kirche in Skopje übernommen hatte. Dort traf sich die kleine katholische Gemeinde, der auch die Bojaxhius angehörten. Jambrekovi kümmerte sich um die jüngeren Gemeindemitglieder und gründete u. a. eine sogenannte »Sodalität der Kinder Mariens«, eine christliche Gruppe für junge Mädchen, in der diese auch mit geistlichen Exerzitien vertraut gemacht wurden. Agnes schien sich dort sehr wohlzufühlen, genoss die Gemeinschaft und las viel in der neu eingerichteten Bücherei, u. a. die Schriften der heiligen Thérèse von Lisieux (1873–1897). Thérèse Martin, so der bürgerliche Namen der Nonne, war mit 15 Jahren in den Karmeliterorden eingetreten und jung an Tuberkulose gestorben. 1925 wurde sie als Thérèse von Lisieux von Papst Pius XI. heiliggesprochen. Die von ihr verfassten Schriften wurden in mehrere Sprachen übersetzt und in der katholischen Glaubensgemeinschaft viel gelesen. Die junge Agnes war nachweislich schwer beeindruckt von den Schilderungen der jungen Nonne. Ihre Aussage, dass das eigene körperliche und seelische Leid dazu diene, das Leiden Christi zu lindern, prägte sich dem jungen Mädchen tief ein und tauchte später bei Mutter Teresa als grundlegender Gedanke auf.

Faszinierend fand Agnes auch die Berichte über die katholischen Missionare in Afrika und Indien. Für das heranwachsende Mädchen war die Vorstellung, »hinauszugehen und die Liebe Christi weiterzugeben«, mehr als verlockend. Das Missionswesen war unter dem seit 1922 amtierenden Papst Pius XI. neu geordnet worden und hatte mehr Bedeutung gewonnen. Pater Jambrekovi erzählte seinen Schützlingen von Missionaren, die in der bengalischen Stadt Kalkutta (heute: Kolkata) Arme und Kranke betreut hatten. Gelegentlich besuchten auch Missionare Skopje, und Pater Jambrekovi lud sie ein, vor seiner Gemeinde Vorträge zu halten. Im Publikum saß die junge Agnes und lauschte fasziniert ihren Berichten. »Wenn diese von fernen Ländern kamen«, erzählte ihr Bruder Lazar, »dann traf sie sich mit ihnen und hörte gerne ihre Erzählungen. Eine von ihnen sagte einmal: Jeder Mensch hat seinen Weg vorgezeichnet und muss diesem folgen. Diese Worte ergriffen das Herz meiner Schwester sehr.« Agnes ließ sich eine Karte zeigen, auf der alle Missionsstellen eingezeichnet waren. Binnen kurzer Zeit kannte sie die Orte und Namen auswendig. »Bruder, wenn du wüsstest, wie und wo die Missionsschwestern arbeiten«, schwärmte sie. »Was sie für ein Leben führen und welch große Hilfe sie bräuchten.«

Im Alter von zwölf bis 18 Jahren war Agnes hin- und hergerissen, ob sie sich wirklich zu einem Leben als Ordensschwester berufen fühlte. Oft suchte sie Rat bei Pater Jambrekovi und besprach mit ihm ihre Zweifel. Stundenlang zog sie sich zum Beten zurück. Man weiß nicht, was dabei in ihr vorging, doch entstand offensichtlich ein Band zwischen der Heranwachsenden und der Lichtgestalt Jesus: Agnes begann, regelrecht für den Gottessohn zu schwärmen. Er erschien ihr begehrenswerter als die realen (männlichen) Personen um sie herum. In ihr »brannte die Liebe für die Seelen«, die sie für

Thérèse war eine Nonne im Orden der Unbeschuhten Karmelitinnen im französischen Lisieux. Ihr vollständiger Ordensname war »Thérèse vom Kinde Jesus«. Zahlreiche Berichte über Gebetserhörungen nach Fürbitten an Thérèse führten dazu, dass sie 1925 von Papst Pius XI. heiliggesprochen und 1997 von Papst Johannes Paul II. zur Kirchenlehrerin erhoben wurde.

Marie-Françoise Thérèse wurde am 2. Januar 1873 in Alençon (Frankreich) als neuntes und letztes Kind der Familie Martin geboren. Als ihre Mutter vier Jahre später starb, übernahm die ältere Schwester Pauline die Mutterrolle für das kleine Mädchen. Später traten zwei der älteren Schwestern in das Karmelitinnenkloster in Lisieux ein, und Thérèse wollte ihnen folgen, wurde aber aufgrund ihrer Jugend zunächst abgelehnt. Mit 15 Jahren schließlich – nachdem sie ein Jahr zuvor im Rahmen einer Wallfahrt nach Rom den damaligen Papst Leo XIII. vergeblich um Aufnahme in den Orden gebeten hatte – folgte sie ihren Schwestern und nahm den Ordensnamen »Therese vom Kinde Jesus« an.

Ihre völlige Hingabe an Gott zeigte die »kleine Blume« (so nannte sie sich selbst) im sogenannten »kleinen Weg« der Liebe: Dieser beschreibt, wie der Mensch seinen Glauben an Gott gerade durch die kleinen Gesten des Alltags zeigen könne.

In ihrer Zeit im Kloster wurde der Glaube der jungen Frau schweren Prüfungen unterzogen: Abgesehen davon, dass die Klostervorsteherin die vermeintlich »eingebildete« Nonne mit großer Strenge behandelte, erlebte Thérèse eine »geistige Dürre« mit Verlustängsten aller Art, zudem wurde sie wiederholt schwer krank. Im Alter von nur 24 Jahren starb sie nach langem Leiden an Tuberkulose.

Zwei Jahre nach ihrem Tod erschien ihre Autobiografie mit dem Titel *Geschichten einer Seele*, die in mehrere Sprachen übersetzt wurde und zu einem der meistgelesenen Büchlein in katholischen Kreisen wurde. Auch die junge Agnes Bojaxhiu las die Aufzeichnungen und erkannte in ihr eindeutig eine verwandte Seele. »Man muss durch diesen finsteren Tunnel gewandert sein, um seine Dunkelheit zu begreifen«, schrieb da die junge Karmelitin, und: »Der Himmel verschließt sich mir mehr und mehr.«

Lisieux ist heute nach Lourdes der zweitgrößte Wallfahrtsort in Frankreich. Knapp 800 000 Menschen besuchen jedes Jahr das Karmelitinnenkloster, die Kathedrale Saint Pierre und das Haus »Les Buissonnets«, in dem die heilige Thérèse ihre Kindheit verbrachte.

Die Leiden der jungen Nonne Thérèse von Lisieux (1873–1897) beeindruckten Mutter Teresa sehr.

1963 wurde das Geburts-
haus von Mutter Teresa
bei einem Erdbeben
zerstört und 2009
anlässlich ihres bevor-
stehenden 100. Geburts-
tages wieder aufgebaut.
Heute dient es als Be-
gegnungszentrum.
Davor steht eine große
Bronzestatue Mutter
Teresas mit den charak-
teristischen zum Beten
gefalteten Händen.

ihn erretten wollte. Wahrscheinlich hatte Agnes zu diesem Zeitpunkt schon einige Bücher über und von Nonnen und Ordensfrauen aus der geistlichen Bücherei des Pater Jambrekovi gelesen und darin Inspiration gefunden. 1928 – sie hatte gerade ihr Abitur gemacht – stand ihr Entschluss fest: Sie wollte ihr Leben mit und für Jesus als Missionarin verbringen. Ihre Mutter zögerte zunächst, ihre Zustimmung zu erteilen. Sie wusste, dass sie ihre jüngste Tochter damit verlieren würde. Agnes selbst liebte ihre Familie sehr, und eine Trennung fiel ihr sicher nicht leicht. Was für andere Vorstellungen das heranwachsende Mädchen von ihrer Zukunft hatte, kann nur gemutmaßt werden. Auf jeden Fall war ihr bewusst, was es bedeutete, einem Orden beizutreten: nicht nur die Trennung von der Familie und Freunden, sondern die Annahme der Gelübde der Keuschheit, der Armut und des bedingungslosen Gehorsams der kirchlichen Obrigkeit gegenüber. Sie würde keine eigene Familie gründen und keine eigenen Kinder haben können. Reizvoller erschien es ihr, als »Braut Christi« in ferne Länder zu reisen, um dort »so viele unsterbliche Seelen wie möglich aus der Dunkelheit des Unglaubens zu retten«, wie sie es später selbst ausdrückte.

Als Agnes von ihrer Mutter schließlich den Segen bekam, bewarb sie sich bei den »Schwestern von Loreto« in Dublin um Aufnahme in den Orden. Sie wurde angenommen und begann im Herbst 1928 ihre Reise nach Rathfarnham in Irland in das Mutterhaus der Loreto-Schwestern. Nach Zwischenstationen in Zagreb und Paris erhielt Agnes in Irland im November 1928 ihre Postulantinnenhaube, die sie als Anwärterin kennzeichnete. Wie mag sich die 18-Jährige damals gefühlt haben, zum ersten Mal weg von zu

Hause in einem unbekannten Land, dessen Sprache sie nicht verstand? Ihr erstes Ziel musste es sein, die englische Sprache zu erlernen, denn nur so konnte sie überhaupt die geistlichen Studien bewältigen. Der Aufenthalt in Irland war nur kurz: Schon im Dezember 1928 legte ein Schiff in Richtung Indien ab – an Bord die junge Agnes, die nun Schwester *Maria Teresa des Jesuskindes* hieß. Diesen Namen hatte sich die junge Anwärterin nach dem Vorbild der heiligen Thérèse von Lisieux ausgesucht. Ein Gedicht der jungen Schwester, geschrieben auf der Überfahrt von Irland nach Indien, gibt einen Einblick in ihre Gefühle: Da ist von einer »höheren Macht« die Rede, die sie in das »glühend heiße Indien« zwang. Ihre »eifrige Seele« bot Gott ein »schmerzvolles Opfer« an, und sie bat diesen: »Oh Gott, nimm dieses Opfer an – als ein Zeichen meiner Liebe – bitte hilf Deinem Geschöpf – Deinen Namen zu preisen.« Sie bezeichnete sich selbst als »Christi kleine glückliche Braut«, aber aus ihren Worten klingt auch Unsicherheit und Verzweiflung heraus – kein Wunder, denn die 18-Jährige ließ alles Bekannte und Vertraute hinter sich und brach in eine ungewisse Zukunft auf.

Das Weihnachtsfest 1928 fand für sie auf hoher See statt – bedauerlicherweise ohne katholischen Priester, wie Mutter Teresa später feststellte. Sicher hätte sich die junge Ordensanwärterin auf ihrer großen Reise über etwas seelischen Beistand sehr gefreut. Als das Schiff den Hafen Colombo, Hauptstadt der britischen Kronkolonie Ceylon (heute Sri Lanka), anlief, traf die junge Schwester auf eine ihr gänzlich unbekannte Welt. Auf der einen Seite war sie von der exotischen Vegetation sehr beeindruckt, auf der anderen Seite war sie über die ärmlichen Lebensumstände der Menschen dort entsetzt. Im nächsten Hafen Madras (heute Chennai) im Golf von Bengalen sah sie die »unbeschreibliche Armut« der Menschen und deren seltsame Gebräuche. Erstmals sah sie, wie Menschen, die keinerlei Besitztümer hatten, quasi nackt auf der Straße lebten und nachts bestenfalls auf einer Matte aus Palmenblättern schliefen. Kritisch merkte Schwester Teresa an: »Wenn unsere Leute das nur alles sehen könnten, so würden sie aufhören, ihr eigenes Unglück zu bejammern, und Gott danken, dass er sie mit solcher Fülle gesegnet hat.« Sie erwähnte auch die Abzeichen, die viele Menschen auf der Stirn trugen und die offensichtlich eine »religiöse Bedeutung« hatten.

Sie war sich zwar der Tatsache bewusst, dass sie als Katholikin einer absoluten Minderheit angehörte (1929 lag der Bevölkerungsanteil der Christen in Kalkutta bei etwas über zwei Prozent), doch ist nicht bekannt, inwieweit sie mit dem hinduistischen Glauben und dessen Kastensystem vertraut war. Die römisch-katholische Kirche war seit dem 16. Jahrhundert in Indien

> »Leg deine Hand in Jesu' Hand, und geh alleine mit Ihm. Geh vorwärts, denn wenn du zurückschaust, wirst du zurückgehen.«
>
> ABSCHIEDSWORTE VON AGNES' MUTTER DRANA BOJAXHIU

»Wie kannst Du Nonne werden? Weißt Du, was Du tust, dass Du Dich für immer opferst, Dich lebendig begraben willst?«

AGNES' BRUDER LAZAR IN EINEM BRIEF AN SEINE SCHWESTER

mit Missionsstationen vertreten. Rund 80 Prozent der Bewohner Kalkuttas waren Anhänger des Hinduismus, die größte Minderheit bildeten die Muslime mit knapp zehn Prozent. Im Großen und Ganzen herrschte friedliche Koexistenz zwischen den Religionen, was vor allem an der Toleranz des Hinduismus lag. Entsprechend wurden die christlichen Missionsorden geduldet, solange ihre Konversionsbemühungen gemäßigt waren.

Schwester Teresa blieb nur eine Woche in Kalkutta und reiste von dort weiter nach Darjeeling in ein Kloster der Loreto-Schwestern, um dort ihre Ausbildung zu absolvieren. Der Loreto-Orden unterhielt seit dem 19. Jahrhundert einige Klöster in Indien. Für die junge Frau begann nun offiziell das Noviziat (von lateinisch *novus* = neu), die zweijährige Einführung in das Ordensleben. In dieser Zeit prüft sich die Novizin selbst bzw. wird vom Orden geprüft, ob sie wirklich geeignet ist, die Ordensgelübde abzulegen. Teresas Namensänderung wurde bestätigt, und sie erhielt ihre Ordenstracht – die für das indische Klima äußerst ungeeignet war, wie sie bald merkte.

Neben intensiven Unterweisungen in die geistigen Grundlagen des Ordens stand auch das Erlernen von Hindi und Bengali auf dem Programm, zwei der wichtigsten Dialekte in der Stadt. Mutter Teresa soll über Grundkenntnisse dieser beiden Sprachen nicht hinausgekommen sein, hieß es später. Das mag auch daran gelegen haben, dass sie zu diesem Zeitpunkt immer noch damit beschäftigt war, Englisch zu lernen. Vor allem die Studien der geistlichen Exerzitien dürften sehr schwierig gewesen sein, auch wenn sie sich sehr bemühte, ihr Englisch möglichst schnell zu verbessern, wie eine ihrer damaligen Mitschwestern berichtete. Ihr Leben lang sprach Mutter Teresa Englisch mit einem starken Akzent und kleineren grammatikalischen Ungenauigkeiten. Außerdem lernte Schwester Teresa auch Grundlagen der Kirchenlehre und des Lehrerberufs und die Geschichte des Ordens kennen. Zum Leben einer Novizin gehörten auch die tägliche Messe und gemeinsame Gebete morgens, mittags, abends und nachts.

Nach dem zweijährigen Noviziat legte Schwester Teresa am 24. Mai 1931 ihre erste Profess ab, ein zeitlich befristetes Gelübde, das sechs Jahre lang jeweils einmal jährlich erneuert werden muss. Sie versprach, ein Leben in Armut, Keuschheit und Gehorsam zu führen, und schien als Braut Jesu überglücklich zu sein. Geradezu euphorisch schrieb sie: »Ich bin und könnte auf niemanden neidisch sein, nicht einmal auf jene, die in scheinbar vollkommenem Glück in der Welt leben, einfach weil ich selbst mein vollkommenes Glück genieße, auch wenn ich für meinen geliebten Bräutigam etwas erleide.«

Im Mai 1931 trat Teresa ihre Stelle als Lernschwester an der Schule der Loreto-Schwestern in Darjeeling an. Ab und zu half sie in einer kleinen Kran-
kenstation aus, wo sie erstmals mit den wirklich Armen Indiens zu tun hatte.
Zutiefst erschütterte sie die Begegnung mit einem Mann, dessen Bündel auf
dem Arm sich als halb verhungertes Kind herausstellte:

    »Der Mann hat Angst und sagt: ›Wenn Sie ihn nicht wollen, werfe ich
ihn ins Gras. Die Schakale werden nicht die Nase rümpfen.‹ Mein Herz ge-
friert. Das arme Kind! Schwach und völlig blind. Mit viel Mitleid nehme ich
den Kleinen in meine Arme und falte ihn in meine Schürze. Das Kind hat
eine zweite Mutter gefunden.« Dies ist ein typisches Beispiel für die zahllosen Geschichten, die Mutter Teresa später über ihre Anfangsjahre in Kalkutta erzählte und die von ihren Biografen eifrig niedergeschrieben wurden.

    Zeugnisse aus dieser Zeit sind kaum vorhanden, sodass man sich auf
Mutter Teresas eigene Erinnerungen verlassen muss. Oft klingen die Geschichten etwas theatralisch und an den richtigen Stellen geglättet, was an
der zeitlichen Distanz liegen mag. Doch kann man sich gut vorstellen, wie
dieses oben geschilderte Erlebnis die junge Schwester erschüttert haben
muss. Sie bezeichnete dieses Ereignis später als »krönenden Moment« und
verwies in diesem Zusammenhang gern auf die folgende Bibelstelle: »Wer

*Ihre Zeit als Novizin
verbrachte Mutter Teresa
in einem Kloster der
Loreto-Schwestern in der
westbengalischen
Provinz Darjeeling.*

> »Sie war sehr, sehr verliebt in den Allmächtigen Gott.«
>
> LORETO-SCHWESTER GABRIELA

immer ein Kind um meinetwillen aufnimmt, der nimmt mich auf« (Matthäus-Evangelium, 18,5). Jeden Morgen soll die junge Ordensfrau andächtig ein Bild betrachtet haben, das Jesus umringt von kranken und leidenden Menschen zeigte. »Alles, was ich fühle, ist darin konzentriert. Ich denke mir: ›Jesus Christus, das ist für dich und für all diese Seelen.‹« Auch ihren Mitschwestern, die Schwester Teresa zwar als »sehr fröhlich«, aber sonst eher unauffällig in Erinnerung hatten, fiel ihre große Hingabe sowohl in der Andacht als auch bei der Pflege von Armen und Kranken auf. Sie schien tatsächlich ihre Berufung gefunden zu haben.

Nach dem Noviziat kehrte Schwester Teresa nach Kalkutta zurück, in das Kloster in Entali im Osten der Stadt. Der Loreto-Orden unterhielt insgesamt sechs Schulen in Kalkutta, in Entali im Gebäudekomplex des Klosters befanden sich zwei davon: ein englischsprachiges Internat für rund 500 Mädchen aus gut situierten Familien und die St. Mary's High School für bengalische Mädchen, die von den Schwestern einer angegliederten Ordensgemeinschaft geführt wurde, den »Töchtern der heiligen Anna«. Im Gegensatz zur steifen Ordenstracht der Loreto-Schwestern trugen diese blau-weiße Saris und unterrichten die Mädchen in Bengali. St. Mary's wurde Schwester Teresas erster Einsatzort als Lehrerin – dass sie für diesen Beruf eigentlich keine ausreichende Qualifikation hatte, spielte keine Rolle. Hier unterrichtete sie die Mädchen zunächst in Geschichte, später auch in Geografie.

Schwester Teresa soll eine beliebte Lehrerin gewesen sein, die den Grundsatz des Loreto-Ordens, Armut durch Erziehung zu bekämpfen, gut umsetzen konnte. Sie versuchte, in den Mädchen ein Bewusstsein für die schweren Lebensbedingungen der Armen auf der Straße zu schaffen. Ein weiterer Einsatzort war die Grundschule St. Teresa, die sich außerhalb der schützenden Klostermauern befand. Hier war die materielle Not der Schüler wesentlich deutlicher zu spüren. Manchmal begann sie die Schulstunde damit, dass sie – unter den staunenden Augen der Schüler – den Boden schrubbte: »Ich streckte mir die Ärmel auf, räumte das Klassenzimmer aus, nahm Wasser und Besen und begann, den Boden zu reiben. Darüber waren alle sehr erstaunt. Lange sahen sie mich stumm an, denn sie haben noch nie eine Lehrerin mit dieser Arbeit den Unterricht beginnen gesehen, besonders weil diese Arbeit in Indien von der niederen Kaste gemacht wird. Nachdem sie mich aber fröhlich und lächelnd am Werk sahen, begannen die Mädchen, mir zu helfen, und die Buben, frisches Wasser zu bringen. Zwei Stunden später hatten wir ein sauberes Klassenzimmer.« Offensichtlich war Schwester Teresa zu diesem Zeitpunkt mit dem hinduistischen Kas-

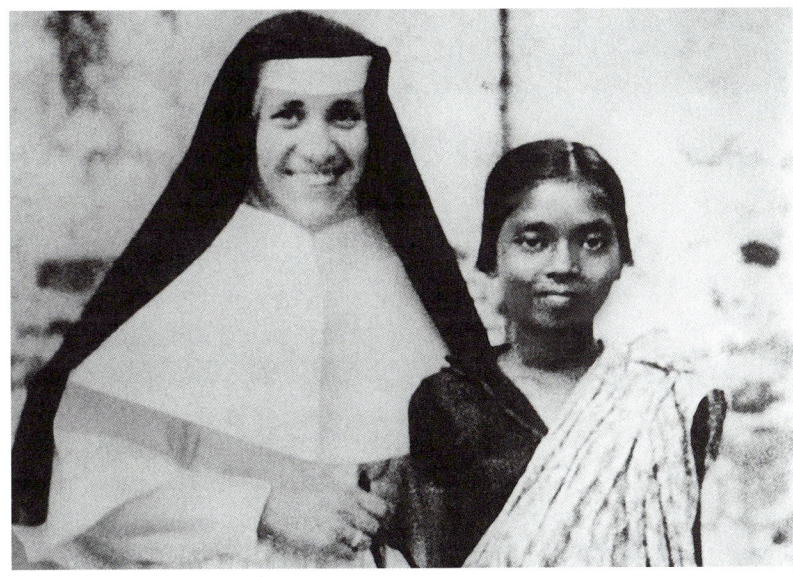

Die junge Loreto-Schwester Teresa unterrichtete an der St. Mary's High School für bengalische Mädchen in Kalkutta.

tensystem zumindest einigermaßen vertraut, und es schien ihr Spaß zu machen, mit den Kindern zu arbeiten. Weil sie diesen gern segnend die Hände auf den Kopf legte, begannen diese, sie »Ma«, »Mutter« zu nennen.

Im Mai 1937 legte die Ordensfrau in Darjeeling ihre ewigen Gelübde ab und erhielt offiziell den Namen »Mutter Teresa«. Die Menschen, mit denen sie zusammenarbeitete, hatten sie in diesen Jahren als gottesfürchtige und barmherzige Frau mit viel Sinn für Humor und einem erstaunlichen Organisationstalent kennengelernt. Sie war voller Mitgefühl für die Armen und Kranken und gab sich immer Mühe, diese aufzumuntern. Mut und Führungsqualitäten wurden ihr nachgesagt, und immer wieder fiel auf, wie intensiv sie sich dem Gebet widmete, aus dem sie offensichtlich ihre Kraft schöpfen konnte.

Ob zu ihren Aktivitäten als Loreto-Schwester die sonntäglichen Gänge in eines der Slumgebiete Kalkuttas gehörten, von denen sie später berichtete, ist umstritten. Sie selbst erzählte von den winzigen Hütten der Armen, vor denen die Kinder schon bei ihrem zweiten Besuch ungeduldig auf sie gewartet hätten. Das Elend hätte sie schmerzlich berührt, »doch gleichzeitig war ich auch sehr glücklich, als ich sah, dass sie sehr glücklich sind, weil ich sie besuche«. Die Frauen hätten zu ihr gesagt: »Oh Ma, komm wieder! Dein Lächeln brachte Sonnenschein in dieses Haus!«

Doch sosehr sie sich bemühte, anderen Freude zu bringen, gewinnt man doch den Eindruck, dass sie selbst manchmal am Rande ihrer Kräfte

Der Loreto-Orden

Das Mutterhaus des irischen Loreto-Ordens in Rathfarnham in der Nähe von Dublin.

1822 wurde der Loreto-Orden von der Irin Frances Ball als Zweig der sogenannten »Englischen Fräuleins« gegründet, einem Orden, der wiederum 1609 von Mary Ward ins Leben gerufen worden war (früher »Institute of the Blessed Virgin Mary« / IBVM, heute »Congregatio Jesu«). Frances Ball, geboren 1794, war von ihren Eltern zur Erziehung in eine Schule der »Englischen Fräuleins« nach England geschickt worden. Nach ihrer Rückkehr nach Irland beschloss sie, mit der Unterstützung des Dubliner Erzbischofs Murray selbst ein Ordenshaus zu eröffnen. 1822 konnte das hochherrschaftliche Haus in Rathfarnham in der Nähe von Dublin bezogen werden, das zum Mutterhaus des Loreto-Ordens wurde.

Neben Frances Ball waren es in den ersten Tagen in Rathfarnham nur zwei weitere Schwestern, und in Anlehnung an die dreiköpfige heilige Familie und deren Haus in Loreto/Italien beschloss Frances Ball (jetzt »Mother Teresa Ball«), ihr Ordenshaus auch »Loreto« zu nennen. Entsprechend wurden die Schwestern »Loreto-Schwestern« genannt. (Loreto selbst ist einer der bekanntesten Wallfahrtsorte in Italien: Hier soll sich das Original-Haus der Jungfrau Maria aus Nazareth befinden, in dem Jesus aufwuchs. Legenden berichten, dass Engel im Jahre 1294 das Haus nach der Eroberung Palästinas nach Italien gebracht hätten. Wahrscheinlicher ist die Geschichte, dass eine Kaufmannsfamilie namens Angeli, »Engel«, das Haus im 13. Jahrhundert nach Italien brachte.)

Der Loreto-Orden widmete sich vor allem der Ausbildung von Mädchen, die erste Schule wurde im Ordenshaus in Rathfarnham errichtet. Später breitete sich der Orden in ganz Irland aus, und heute gibt es hier 35 Mädchenschulen. Seine Missionstätigkeit nahm der Orden 1841 auf, als die Oberin sieben Schwestern und fünf Postulantinnen unter der Führung von Schwester Delphine Hart auf den Weg nach Indien schickte. Nach einer viermonatigen Reise wurde im Januar 1842 die erste katholische Mädchenschule des Ordens in Kalkutta eröffnet. Fünf Jahre später wurde die Niederlassung in Entali gegründet, in der rund 70 Jahre später Mutter Teresa unterrichten sollte. Seit 1977 befindet sich der Hauptsitz des Ordens in Rom.

war und sich an ihren Glauben klammern musste. 1937 schrieb sie an den Jesuitenpater Jambrekovi von ihrem spirituellen Leben und der Gefährtin »Dunkelheit«, die ein Teil davon war. »Und wenn diese Nacht besonders tief ist – und es mir scheint, als ende ich in der Hölle – dann bringe ich mich einfach Jesus dar. Wenn Er will, dass ich dorthin gehe – dann bin ich bereit.« Was meinte sie mit dieser »Nacht«, der »Dunkelheit« (die später noch wesentlich deutlicher zur Ausprägung kommen sollte) und dem Gefühl, in der »Hölle« zu enden? Waren es pure Erschöpfung, beunruhigende Eindrücke, Erlebnisse, die sie ängstigten? Trost fand sie in ihrer vollkommenen Hingabe an ihren Glauben. »Mir fällt auf, dass sie jeden Tag versucht, Jesus in allem zu gefallen. Sie ist sehr demütig«, berichtete eine Mitschwester, und eine andere: »Sie war sehr, sehr verliebt in den Allmächtigen Gott.«

Kalkutta blieb von den Auswirkungen des Zweiten Weltkriegs nicht verschont, und die ohnehin dramatische Lage in den Armenvierteln der Stadt wurde noch schlimmer. Die Lebensmittelknappheit und eine nicht funktionierende bzw. kaum vorhandene Infrastruktur führten dazu, dass die Stadt mit völlig mittellosen, hungernden und sterbenden Menschen überfüllt war. Das Haus der Loreto-Schwestern wurde von der britischen Armee zum Hospital umfunktioniert, und die Schülerinnen mussten in ein Gebäude in der Convent Road ausweichen. Viele Ordensschwestern verließen mit ihren Schützlingen die Stadt und flohen in eines der umliegenden Klöster. Mutter Teresa blieb in Kalkutta und unterrichtete den bengalischen Teil der Schule mit knapp 100 Schülerinnen weiter, obwohl es mit ihrer Gesundheit zwischendurch nicht zum Besten stand. Doch sie erholte sich wieder und ging ihre Aufgaben mit demselben Enthusiasmus an wie zuvor: Sie hielt den Unterricht in zahllosen Klassen ab bzw. legte diese zusammen, weil zu wenig Missionarsschwestern da waren. Als die Hungersnot in Bengalen in den Jahren 1942 und 1943 ihren Höhepunkt erreichte und auch die Vorratskammern der Schwestern und Schülerinnen leer waren, soll Mutter Teresa morgens in dem Vertrauen losgezogen sein, dass Gott es schon richten werde. Eine Schülerin erinnerte sich später: »Eines Tages gab es nichts mehr zu essen. Um acht Uhr morgens sagte Mutter zu uns: ›Kinder, ich gehe jetzt los. Ihr bleibt in der Kapelle und betet.‹ Um 16 Uhr war das Lagerhaus mit verschiedenen Gemüsesorten gefüllt. Wir wollten unseren Augen nicht trauen.«

Ihr Gottvertrauen brachte Mutter Teresa auch in gefährliche Situationen, wie etwa an einem Tag im August 1946, als die Auseinandersetzungen zwischen Hindus und Moslems (die später in der Teilung Indiens endete) in

Kalkutta mehrere Tausend Tote und unzählige Verletzte forderte. Dieser sogenannte »Tag der direkten Aktion« ging in die Geschichte Indiens ein. Auch die Loreto-Schwestern waren davon betroffen, obwohl sie den Kampflärm nur durch die Mauern hörten. Mutter Teresa erzählte später, wie sie alleine loszog, um etwas Essbares zu besorgen. Sie berichtete von »Leichen in den Straßen, erstochen, erschlagen, sie lagen dort in seltsamen Positionen, in ihrem getrockneten Blut«. Ein Lastwagen voller Soldaten hielt an, und man ermahnte sie, sich in Sicherheit zu bringen. »Ich erzählte ihnen, dass ich unbedingt hinausgehen und das Risiko auf mich nehmen musste, ich hätte 300 Schülerinnen, die nichts zu essen hatten.« Am Ende wurde Mutter Teresa von den Soldaten zurück zu den Loreto-Schwestern gebracht und dort samt gefüllten Reissäcken abgeladen.

1944 begegnete Mutter Teresa dem belgischen Jesuitenpater Céleste van Exem, der ihr langjähriger Beichtvater und bis zu seinem Tod 1994 einer ihrer engsten Vertrauten werden sollte. Van Exem hatte sich in seinen Studien auf muslimische Glaubensfragen spezialisiert und war nach Kalkutta gekommen, um dort mit der muslimischen Bevölkerung in engeren Kontakt zu kommen. Durch die Nähe seiner Arbeitsstätte zum Haus der Loreto-Schwestern in der Convent Road fügte es sich, dass der Pater die tägliche Messe für die Schwestern hielt. Mutter Teresa erkor sich den Pater zu ihrem geistlichen Führer. Ihrer Bitte kam van Exem zunächst sehr zögerlich nach: »Es war das Letzte, was ich tun wollte – der geistliche Vater einer Nonne werden«, sagte er viele Jahre später. Er wollte lieber mit Intellektuellen arbeiten als mit Nonnen, und er fürchtete, von seinen Studien abgebracht zu werden. Doch der Erzbischof von Kalkutta wies ihn an, der Bitte der Ordensfrau nachzukommen, und so wurde van Exem einer der engsten Berater von Mutter Teresa.

Der Jesuitenpater lernte die Schwester als einen Menschen mit »intensivem spirituellem Leben« kennen, der sich der Liebe zu Jesus mit Haut und Haaren verschrieben hatte. Zwei Jahre zuvor hatte Mutter Teresa ein privates Gelübde abgelegt, das sie »bei Strafe einer Todsünde verpflichtete, Gott alles zu geben, was er verlangen sollte: ihm gar nichts zu verweigern«. Was anderen als kompletter Verlust der Freiheit und des eigenen Willens erscheinen mag, war für Mutter Teresa das Erreichen ihrer wahren Freiheit durch die absolute Liebe zu Gott. Wie sicher sie sich ihrer Liebe war, zeigt die Formulierung »bei Strafe einer Todsünde«, denn als Sünderin würde sie die Freundschaft Gottes auf ewig verlieren. »Bitte Jesus darum, mir nicht zu erlauben, Ihm irgendetwas abzuschlagen, und sei es noch so gering. Lieber sterbe ich.«

Im 19. Jahrhundert die »Stadt der Paläste«, im 20. Jahrhundert ein Symbol für das Elend der Dritten Welt: Kalkutta mit seinen unzähligen Slums, in denen die Menschen unter menschenunwürdigen Bedingungen leben.

Vor diesem Hintergrund ist es leichter zu verstehen, warum Mutter Teresa auch bei kleineren Vorhaben immer den vollen Einsatz brachte: »Haltet nicht nach großen Dingen Ausschau, tut einfach kleine Dinge mit großer Liebe ... Je kleiner die Sache, desto größer muss eure Liebe sein«, schärfte sie ihren Mitschwestern ein. Ein weiteres Phänomen ist die Fröhlichkeit, die Mutter Teresa bei der Arbeit ausgestrahlt haben soll und die sie später auch von ihren Schwestern verlangte: Sie machte Jesus durch ihre bedingungslose Liebe Freude, und damit auch sich selbst. Zumindest lautete so die Theorie.

Mutter Teresas mildes Lächeln wurde später weltberühmt, allerdings steckte dahinter nicht immer Freude: Oft handelte es sich nach ihren eigenen Worten um eine »Maske«, hinter der sich tiefe Verzweiflung verbarg. Pater Brian Kolodiejchuk, Postulator beim Seligsprechungsprozess Mutter Teresas, sah die Fröhlichkeit Mutter Teresas als ein »Zeichen eines großzügigen und eines sich selbst gestorbenen Menschen, für den nichts mehr, nicht einmal mehr er selbst, eine Rolle spielte und der versucht, Gott in allem zu gefallen, was er für die Seelen tut.« Mutter Teresa war sich selbst als Mensch in keiner Weise mehr wichtig, sondern nur noch als liebende »Braut Christi«.

Die »Stimme«
DIE (ZWEITE) BERUFUNG DER MUTTER TERESA

Seit Jahrzehnten ist bekannt, dass Mutter Teresa eine »Eingebung« hatte, die letztendlich zur Gründung ihres neuen Ordens führte. Die genauen Details gab Mutter Teresa der Öffentlichkeit nicht preis, nur ihr Beichtvater und geistlicher Führer Pater van Exem und der Erzbischof von Kalkutta wussten zunächst etwas von ihren Dialogen mit Jesus. Erst als 2007 Pater Brian Kolodiejchuks Buch mit bis dahin unbekannten Briefen von Mutter Teresa veröffentlicht wurde, erfuhr man, dass Mutter Teresa mehrmals mit Jesus gesprochen haben will.

> »Sie bewahren mein tiefstes Geheimnis – Ich bitte Sie – um Seinetwillen – betrachten Sie alles, was Sie lesen, als eine Gewissensfrage. Ich habe Ihnen blind vertraut. Ich wollte Ihnen heute gerne etwas Schönes geben – so dies mein Geschenk an Sie. Heben Sie es für Jesus auf.«
>
> MUTTER TERESA

Am 10. September 1946 fuhr Mutter Teresa mit dem Zug nach Darjeeling in ein Kloster des Loreto-Ordens, um dort die jährlichen Exerzitien zu absolvieren, wie es für jede Loreto-Schwester üblich war, aber auch, um sich zu erholen. Während dieser Fahrt spürte sie »eine Berufung in der Berufung«, einen »zweiten Ruf«, wie sie es selbst beschrieb. Eine Stimme sagte ihr, sie solle »sogar Loreto aufgeben, wo ich sehr glücklich war, und auf die Straßen hinausgehen, um den Ärmsten der Armen zu dienen«. Sie solle alles hinter sich lassen und »Ihm in die Slums folgen«, um dort den Ärmsten der Armen zu dienen. Das war Gottes Auftrag für sie, und es war klar, dass sie ihm zu folgen und »Sein Werk« auszuführen hatte.

Dieser »Tag der Inspiration« gilt heute als Entstehungstag der neuen Gemeinschaft, die Mutter Teresa in der Folge gründete. Außerordentlich war der Entschluss, den Orden der Loreto-Schwestern zu verlassen.

Der Eingebung im Zug folgten laut Mutter Teresa in den nächsten Monaten noch weitere, und es kristallisierte sich heraus, dass Gott schon erstaunlich genaue Pläne mit ihr hatte: Sie sollte nach dem Verlassen der Loreto-Schwestern ihr Gelübde behalten und eine neue Gemeinschaft gründen. Das Ziel dieser neuen Vereinigung sollte es sein, »im Geiste der Armut und der Fröhlichkeit für die Ärmsten der Armen in den Slums zu arbeiten ... Die Arbeit bezog sich auf die Verlassenen, die niemand haben, die Allerärmsten.« Dabei sollten die Mitglieder der neuen Vereinigung selbst in großer Armut inmitten der Armen leben, um sich nicht von ihnen zu unterscheiden.

Wie es ihre Art war, machte sich Mutter Teresa sofort an die Arbeit und hatte schon einige Monate nach der ersten Eingebung die Ziele und Regeln

In jeder Niederlassung der Missionarinnen der Nächstenliebe – auch in Essen – hängen das Kruzifix und die Worte Jesu: »I thirst« (»Mich dürstet«).

für den neuen Orden, der »Missionarinnen der Nächstenliebe« (»Missionaries of Charity«, kurz: MC) heißen sollte, niedergeschrieben. »Das allgemeine Ziel der Missionaries of Charity ist es, das Dürsten Jesu Christi am Kreuz nach Liebe und Seelen durch die absolute Armut, engelhafte Keuschheit und den freudigen Gehorsam der Schwestern zu stillen.«

Das besondere Ziel ist es, Christus in den Wohnstätten und Straßen der Slums zu tragen, (unter) die Kranken, die Sterbenden, die Bettler und die kleinen Straßenkinder. Die Kranken werden so weit wie möglich in ihren armen Wohnstätten gepflegt werden. Die kleinen Kinder werden eine Schule in den Slums haben. Die Bettler werden in ihren Löchern außerhalb der Stadt oder auf den Straßen ausfindig gemacht und besucht werden.«

Der Zweck des neuen Ordens sollte es also sein, »das unendliche Verlangen des gekreuzigten Christus nach Seelenliebe zu stillen«. Alle Kapellen der Gemeinschaft sollten mit der Inschrift »Mich dürstet« (»I thirst«) versehen werden, dem Ausruf des sterbenden Jesus am Kreuz. » ›Mich dürstet‹, rief Jesus am Kreuz, als Ihm aller Trost genommen war und Er in absoluter Armut, verlassen, verachtet und gebrochen an Leib und Seele, starb. Er sprach von Seinem Durst – nicht nach Wasser –, sondern nach Liebe, nach Opfern«, erklärte Mutter Teresa jedem, der es hören wollte. »Jesus ist Gott: Deshalb sind Seine Liebe, Sein Durst unendlich. Unser Ziel ist es, dieses unendliche Dürsten eines Mensch gewordenen Gottes zu stillen. Genauso wie die anbetenden Engel im Himmel unaufhörlich den Lobpreis Gottes singen, stillen die Schwestern [der Missionaries of Charity] – durch die vier Gelübde der absoluten Armut, der Keuschheit, des Gehorsams und der Liebe zu den Armen – unaufhörlich das Dürsten Gottes durch ihre Liebe und mit der Liebe der Seelen, die sie zu Ihm bringen.«

KALKUTTA (KOLKATA)

»Kalkutta ist die Heimat von hundert Krankheiten, die noch nicht einmal einen Namen tragen«, so der amerikanische Regisseur Woody Allen. Andere Zitate zu dieser Stadt, etwa von Günther Grass, Claude Lévi-Strauss oder Rajiv Gandhi, sind genauso wenig schmeichelhaft. Kalkutta steht im Westen als Symbol für das Elend der Dritten Welt: Zwei Drittel der Bevölkerung leben in Slums, ein Tagelöhner verdient umgerechnet einen Euro für zwölf Stunden Arbeit, und immer noch sind die hygienischen Verhältnisse katastrophal, und Menschen leben und sterben auf der Straße.

Es gibt aber auch das andere Kalkutta; die moderne, wirtschaftlich aufstrebende Stadt, das kulturelle Zentrum Indiens. Hier steht die größte Bibliothek des Landes, es gibt mehrere Universitäten. Auf 29 Bühnen spielt man Theater, und die Stadt hat 33 Museen. Vor allem aber ist Kalkutta berühmt für seine Filmschaffenden, deren Werke sich deutlich von denen des westindischen »Bollywood« unterscheiden.

Die Megastadt am Hughi, einem Seitenarm des Ganges, die mit um die 15 Millionen Einwohnern weltweit an siebter Stelle steht, hat eine 500-jährige Geschichte, die eng mit der britischen Kolonisierung verknüpft ist. Die erste Erwähnung eines Fischerdorfes mit dem Namen »Kalikata« datiert auf 1495. Hier gründete die East Indian Company 1690 ihr Hauptquartier, von dem aus die britische Eroberung des Gangestales startete. Mehrere Dörfer an beiden Ufern des Hughi wuchsen zur neuen Stadt zusammen, die ab 1699 vom Fort William geschützt wurde und im 18. und 19. Jahrhundert Hauptstadt und Verwaltungssitz von Bengalen bzw. der ganzen Kolonie Britisch-Indien war. 1813 wurde Kalkutta Bischofssitz.

Vom Wohlstand der Stadt im 19. Jahrhundert zeugten beeindruckende Bauwerke wie z. B. das Court House oder die St. Paul's Cathedral. Je bedeutender die Stadt wurde, desto schneller wuchsen allerdings auch die Slums. Der wirtschaftliche Niedergang begann Ende des 19. Jahrhunderts, als die Stadt Bombay (seit 1995 Mumbai) als Hafenstadt mehr Bedeutung erlangte. 1911 wurde der Regierungssitz nach Delhi verlegt, und als nach der Teilung Indiens 1947 die Stadt in eine ungünstige Randlage geriet, ging es weiter bergab.

Heute nimmt Kalkutta am wirtschaftlichen Boom Indiens teil. Seit 1984 wird hier die erste U-Bahn des Landes betrieben, und der Hafen der Stadt ist der zweitwichtigste Indiens. Vor allem in den Bereichen Hightech und Dienstleistungen sind weltweit tätige Firmen vor Ort. Kalkutta wird insgesamt eine große wirtschaftliche Zukunft prophezeit.

Nicht nur Jesus (= Gott) dürste nach der Liebe der Menschen, sondern auch die Menschen dürsten nach Gott, erklärte Mutter Teresa. In den Körpern der Armen und Kranken sollten die Schwestern Christus finden, denn hatte sich dieser nicht mit den Notleidenden identifiziert? »Denn ich war hungrig, und ihr habt mir zu essen gegeben; ich war durstig, und ihr habt mir zu trinken gegeben; ich war fremd und obdachlos, und ihr habt mich aufgenommen; ich war nackt, und ihr habt mir Kleidung gegeben; ich war krank, und ihr habt mich besucht ...« (Matthäus-Evangelium 25,35).

Warum tauschte die 36-Jährige, die als Ordensfrau und Lehrerin glücklich war, ihre zwar nicht luxuriöse, aber doch gesicherte Existenz gegen ein Leben in absoluter Armut? Geschah es aus Mitleid mit den Armen und dem Wunsch zu helfen? Aus missionarischem Eifer? Glaubte sie wirklich, sie handle im direkten Auftrag des Herrn? Man kann sich nur an ihre eigenen Worte halten, und für sie war die Sache eindeutig.

Als sie im Oktober 1946 aus Darjeeling nach Kalkutta an die St. Mary's Schule zurückkehrte, zog sie ihren Beichtvater van Exem ins Vertrauen. Dieser fiel vermutlich zunächst aus allen Wolken. Eine Nonne, die mit Gott gesprochen haben und ihren Orden verlassen wollte? Noch dazu, um einen neuen zu gründen? Er bremste sie in ihrem Tatendrang und bat sie, nichts zu überstürzen. Für Mutter Teresa war das unverständlich, denn »obwohl der Pater erkannte, dass es von Gott kam«, verbot er ihr, auch nur daran zu denken! Mutter Teresa wollte sich sofort an den Erzbischof Ferdinand Périer (als ihren zuständigen kirchlichen Vorgesetzten) wenden, doch auch das erlaubte ihr van Exem nicht.

Van Exem war sich darüber im Klaren, dass er den Erzbischof von Kalkutta einschalten musste, doch das wollte er nicht übereilen. Mutter Teresa bestürmte den Pater regelrecht, für sie gab es kein Halten mehr. Wozu noch warten, zumal in diesem Fall der Befehl von oberster Stelle kam? Ihr Enthusiasmus überzeugte van Exem schließlich. Im Januar 1947 erlaubte er Mutter Teresa, in einem Brief an den Erzbischof ihre Gedanken vorzubringen.

Dieser sehr umfangreiche Brief, datiert auf den 13. Januar 1947, enthält eine ausführliche Schilderung des Dialogs zwischen Mutter Teresa und Jesus, von ihr »die Stimme« genannt, und legt die umfangreichen Überlegungen dar, die Mutter Teresa bezüglich des neuen Ordens schon entwickelt hatte. Zunächst gelobte sie Gehorsam im Fall einer Ablehnung ihrer Vorschläge. Dann berichtete sie von den Wünschen Jesu: »Ich möchte indische Schwestern, Sühneseelen meiner Liebe, die wie Maria und Martha sein würden«, soll dieser zu ihr gesagt haben. »Ich möchte Schwestern, die voll der

»Mich dürstet«, soll der sterbende Jesus am Kreuz gerufen haben. Diesen Durst nach Seelen zu stillen, war Mutter Teresas innigster Wunsch. (Diese Darstellung der Kreuzigung ist eine Kopie des Gemäldes von Miguel Angelo Buonarroti, besser bekannt als Michelangelo.)

Liebe sind, bekleidet mit der Liebe des Kreuzes. Willst du dich weigern, das für mich zu tun?« Später hätte Jesus zu ihr gesagt: »Du bist meine Braut für meine Liebe geworden – du bist für mich nach Indien gekommen. Das Dürsten, das du nach Seelen hattest, brachte dich so weit.« Und schließlich sei die Stimme geradezu drohend geworden: »Ist deine Großzügigkeit erloschen? Stehe ich an zweiter Stelle? Du bist nicht für Seelen gestorben – deshalb kümmerst du dich nicht darum, was mit ihnen geschieht – dein Herz war nie so in Kummer getränkt wie das meiner Mutter. Wir beide gaben alles für die Seelen – und du?« Dann sollen die Anweisungen an die Ordensfrau konkreter geworden sein: Sie solle aus dem Loreto-Orden austreten und ihrer neuen Berufung nachkommen – Seelen zu retten. Bei der Ausübung ihrer Tätigkeit sollte einfache indische Kleidung getragen werden, Ziel der Hilfe seien die Ärmsten der Armen, und unter deren einfachsten Bedingungen habe sie auch selbst zu leben. Jesus habe gerade Mutter Teresa ausgesucht, weil sie der »unfähigste Mensch, schwach und sündig« sei und gerade deshalb bestens geeignet sei für diese Aufgabe. Sogar einen Namen hatte Jesus parat für diejenigen, die Mutter Teresa um sich scharen sollte: »Missionarinnen der Nächstenliebe«.

Was mag sich der Erzbischof beim Lesen dieser Zeilen gedacht haben? Handelte es sich um Hirngespinste einer Ordensfrau, die sich hervortun wollte? Oder etwa um eine echte göttliche Berufung? Die »Stimme« habe sie zutiefst erschreckt, berichtete Mutter Teresa, und der Gedanke, wie die Inder zu essen, zu schlafen und zu leben, erfülle sie mit großer Furcht. Zwar machte ihr die Berufung deutlich, dass sie sich glücklich schätzen durfte, eine Auserwählte zu sein – aber zu welchem Preis? Sie habe sich mit Gebeten geprüft, doch die Stimme sei immer deutlicher und dringlicher geworden.

Kurz zuvor hatte Mutter Teresa von ihrer Provinzialoberin erfahren, dass sie in das rund 220 Kilometer entfernte Asanol versetzt werden sollte. Tatsächlich war ihren Mitschwestern aufgefallen, dass sie sich ungebührlich oft mit ihrem Beichtvater Pater van Exem traf und zu viel Zeit mit ihm verbrachte. Es hieß, die anderen Schwestern mutmaßten ein Verhältnis zwischen den beiden und meldeten dies ihrer Vorgesetzten. Die Mitschwestern spürten wohl, dass irgendetwas Besonderes mit Schwester Teresa vorging, sie wussten aber nicht, was. Mutter Teresa selbst fiel es schwer, ihre Arbeit in St. Mary's aufzugeben, doch handelte es sich aus ihrer Sicht bei der Versetzung zweifellos um einen Wunsch von ganz oben, dem es zu gehorchen galt. So begann sie im Januar 1947 bei den Loreto-Schwestern in Asanol ihre neue Lehrertätigkeit in den Fächern Hindi, Bengalisch, Hygiene und Geografie.

Muslime in Kalkutta beim Gebet (1937). Nur knapp zwei Prozent der damaligen Bevölkerung Kalkuttas waren Anhänger des christlichen Glaubens. 80 Prozent gehörten dem Hinduismus an, Muslime bildeten mit etwa zehn Prozent die größte Minderheit.

Auch für Pater van Exem bedeutete ihr Aufenthalt in Asanol eine Verschnaufpause, denn nun gab es für eine Weile keinen direkten Kontakt mehr, sondern nur noch schriftlichen. Auch der war begrenzt, denn laut den Ordensregeln hatte die Mutter Oberin des jeweiligen Klosters das Recht, alle Briefe ihrer Schwestern zu öffnen. Pater van Exem protestierte dagegen. Schließlich einigte man sich darauf, dass die Briefe der Ordensfrau ungeöffnet an den Erzbischof geschickt wurden, der als eine Art Vermittler zwischen der Nonne und ihrem Beichtvater fungierte.

Kurz vor ihrer Abreise hatte van Exem Mutter Teresa von der ablehnenden Reaktion des Erzbischofs auf ihren Brief berichtet: Erzbischof Périer war skeptisch und reagierte auf ihr Anliegen sehr zurückhaltend. Gab es nicht schon genug religiöse Gemeinschaften in Kalkutta, die sich um die Armen kümmerten? Mutter Teresa hätte sich aus Sicht des Erzbischofs einem dieser Orden anschließen können.

Die Ablehnung des Erzbischofs zu akzeptieren war für Mutter Teresa sicher nicht leicht, wollte sie doch dem Ruf Gottes sofort nachkommen. Doch sie war sich ihres Gehorsamkeitsgelübdes viel zu sehr bewusst, als dass sie gegen den Entscheid des Erzbischofs gehandelt hätte – was sie aber nicht davon abhielt, ihm immer wieder drängende Briefe zu schreiben. Niemand außer Pater van Exem und dem Erzbischof wusste von Mutter Teresas

1947: Die Auflösung der britischen Kronkolonie und die Bildung der zwei Staaten Indien und Pakistan lösten eine riesige Flüchtlingsbewegung in beide Richtungen aus. Die Slums der indischen Großstädte waren binnen kurzer Zeit hoffnungslos überfüllt.

Eingebung und Vorhaben, auch nicht ihre Mitschwestern beim Loreto-Orden. Weil die Ordensfrau ihn so hartnäckig darum bat, sprach van Exem immer wieder beim Erzbischof vor, wo er bald ärgerlich abgewiesen wurde. Ein Grund für die vorsichtige und zunächst abwartende Haltung des Erzbischofs war vielleicht auch die aktuelle politische Situation in Indien: Die Teilung des Landes stand unmittelbar bevor, die angehende demokratische Republik Indien befand sich gerade im Prozess der Gesetzgebung, und das Thema Religionen war aktuell davon betroffen. Prinzipiell enthielt die Verfassung zwar das Recht auf freie Religionsausübung und -verbreitung, aber über das Recht auf Missionierung wurde äußerst kontrovers debattiert. Viele Inder sahen die Tätigkeiten der christlichen Missionare kritisch, sie warfen ihnen unlautere Bekehrungsmethoden und Verletzung der religiösen Gefühle von Angehörigen anderer Religionen vor. Über Jahre hinweg wurde christlichen Missionaren die Einreise erschwert, und ein Gesetzentwurf, der das Recht auf Verbreitung einer Religion indischen Staatsbürgern vorbehielt, scheiterte nur knapp. Aus Sicht des Erzbischofs schien es eindeutig nicht der richtige Zeitpunkt zu sein, über die Gründung eines neuen katholischen Ordens in Kalkutta nachzudenken.

Was bewog Erzbischof Périer letztendlich dazu, das Ansinnen der Ordensfrau doch noch zu befürworten und die Ordensgründung sogar genau zu planen? Bekannt ist, dass Périer bereits 1944 gefordert hatte, dass sich die Missionare nach außen hin erkennbar mehr an die indische Mentalität und Lebensweise anpassen sollten, damit den Andersgläubigen der Zugang zum Christentum erleichtert würde. Périer befürwortete eine Art des Missionierens, die Respekt vor den kulturellen und sozialen Eigenarten der indischen Bevölkerung zeigte und deren Einflussnahme sich auf religiöse und sittliche Gebiete beschränkte. Dazu passte die Vorstellung eines neuen Ordens, dessen Mitglieder selbst unter den gleichen Bedingungen wie die Ärmsten unter der indischen Bevölkerung leben wollten. Das Christentum sollte sich schließlich in Form von Barmherzigkeit und sozialen Werken zeigen.

Mit Sicherheit wurde der Erzbischof bei seiner Entscheidung auch von Pater van Exem beeinflusst, der von Mutter Teresas Berufung inzwischen mehr als überzeugt war: »Ich wusste, dass Unser Herr dieser Ordensfrau die Gabe des höheren Gebets geschenkt hatte; die Ekstase an sich wurde zwar vielleicht noch nicht erreicht, jedoch deren unmittelbare Vorstufe ... Der Zustand der Ekstase könnte sehr bald eintreten, da die Vereinigung mit Unserem Herrn kontinuierlich und so tief und heftig gewesen ist, dass der Zustand der Verzückung nicht mehr fern zu sein scheint.« (»Ekstase« ist hier als ein mystisches Phänomen im geistlichen Leben zu verstehen, bei dem die Fixierung auf Gott so stark ist, dass es zu Visionen kommen kann und die normalen Sinne weitgehend ausgeschaltet sind.) Von Ekstase und Visionen hielt der Erzbischof in diesem Zusammenhang nicht viel, und van Exem gegenüber gestand er ein: »Es mag ja sein, dass für sie [Mutter Teresa] alles sonnenklar ist. Dasselbe kann ich für mich aber nicht behaupten.«

Etwa ein halbes Jahr später kehrte Mutter Teresa wieder nach Kalkutta zurück. In der Stadt brodelte es, denn die Teilung der britischen Kolonie stand unmittelbar bevor. Im August 1947 wurde das Land durch den sogenannten »Indian Independence Act« des britischen Parlaments in zwei unabhängige Staaten geteilt: auf der einen Seite das muslimische Pakistan, das aus einem Ost- und einem Westteil bestand, auf der anderen Seite das überwiegend von Hindus und Sikhs bewohnte Indien. Es begann eine regelrechte Völkerwanderung und Vertreibung, mehrere Millionen Muslime wanderten nach Pakistan ab, und etliche Millionen Sikhs und Hindus zogen nach Indien. Es kam zu zahllosen Gewalttaten zwischen den Bevölkerungsgruppen, und die Slums der indischen Großstädte waren binnen kurzer Zeit überfüllt mit mittellosen und hungernden Menschen.

Mehr denn je sah sich Mutter Teresa angesichts dieser Armut dazu gedrängt, endlich zu handeln. Mit einer unglaublichen Hartnäckigkeit bedrängte sie den Erzbischof weiter mit Briefen, in denen sie ihm wiederholt von ihren Dialogen mit Jesus berichtete und in einem Brief sogar von Visionen sprach. Sie wurde nicht müde, ihm ihre Gedanken über den Aufbau des neuen Ordens, die möglichen Mitarbeiterinnen, deren Aufgaben usw. darzulegen.

Im Januar 1948 endlich war der Erzbischof bereit, ihren Bitten zu folgen. Zunächst riet er ihr, sich an die Generaloberin des Loreto-Ordens in Rathfarnham zu wenden, um sich aus dem Gemeinschaftsleben des Ordens befreien zu lassen. Dafür gab es zwei Möglichkeiten: die der Exklaustrierung (d. h. sie blieb weiterhin eine Ordensfrau, die an ihr Gelübde gebunden war, aber nicht mehr in der Gemeinschaft lebte und direkt dem Erzbischof unterstellt wurde) oder die der Säkularisierung, die sie aller Gelübde entbunden und wieder zur Laienfrau gemacht hätte. Mutter Teresa wurde eine Exklaustrierung (zunächst für ein Jahr) genehmigt. Seit der Veröffentlichung der Briefe Mutter Teresas wissen wir, dass sie selbst um eine Säkularisierung gebeten hatte, wobei es für sie klar war, dass sie ihren Gelübden treu bleiben wollte, aber eben nicht mehr im Rahmen des Loreto-Ordens. Sie wollte einen völligen Neuanfang wagen.

> »Wir wurden dazu erschaffen, Freude in die Welt zu tragen.«
>
> MUTTER TERESA

Neue Wege
DER ABSCHIED VOM LORETO-ORDEN

Am 8. August 1948 erfuhr Mutter Teresa, dass sie den Loreto-Orden verlassen durfte. Diese Nachricht schlug im Kloster in Entali wie eine Bombe ein. Ihre Mitschwestern, die von den Vorgängen der letzten Monate nichts wussten, waren bestürzt, und die Tränen flossen reichlich. Gerade die jungen Schwestern, die einen freundschaftlichen Umgang mit Mutter Teresa gehabt hatten, verstanden überhaupt nicht, warum sie den Orden verlassen wollte.

> »Man kann Gott nur auf eigene Kosten lieben.«
>
> MUTTER TERESA

Wenige Tage später legte Mutter Teresa zum ersten Mal einen weißen Sari mit blauer Borte an, der die zukünftige Tracht der Missionarinnen der Nächstenliebe werden sollte und den klimatischen Verhältnissen Indiens viel besser angepasst war als die Nonnentracht der Loreto-Schwestern. Egal, wie vehement sie ihren Austritt aus dem Orden vorangetrieben hatte, um einen eigenen zu gründen – der Abschied von den Loreto-Schwestern fiel ihr schwer. »Loreto zu verlassen«, sagte sie später, »war mein größtes Opfer, das schwerste, das ich je gebracht habe. Es war viel schwerer als der Abschied von meiner Familie und meiner Heimat.« Die Gemeinschaft der Klosterschwestern war für Mutter Teresa eine zweite Familie geworden, und zum zweiten Mal entschied sie sich gegen persönliche Bindungen und für einen eigenen Weg.

Als sie sich mit 18 Jahren entschieden hatte, Nonne zu werden, war sie bewusst das Risiko eingegangen, ihre Mutter und ihre Geschwister nie mehr zu sehen. Tatsächlich sollte sie ihre Mutter Drana zeitlebens nicht mehr treffen. Diese lebte seit 1934 bei den beiden größeren Geschwistern Mutter Teresas in Tirana in Albanien. Zwischen der Ordensfrau und ihrer Mutter bestand Briefkontakt, bis durch die Etablierung des strengen kommunistischen Regimes auch diese Kommunikationsmöglichkeit weitgehend unterbunden wurde. Ihr Bruder Lazar hatte mit Frau und Kind noch rechtzeitig Albanien verlassen können, doch Drana und Aga Bojaxhiu erhielten auch nach massiven Eingaben seitens Mutter Teresas, die vom Katholischen Hilfswerk unterstützt wurde, keine Ausreisegenehmigung. Der Ordensfrau wurde von der albanischen Regierung zu verstehen gegeben, dass sie zwar nach Albanien einreisen könne, dass aber eine Ausreise nicht gewährleistet sei. »Um der Armen der Welt willen« verzichtete Mutter Teresa darauf, ihre Mutter noch einmal zu sehen, selbst als diese sehr krank war. Drana Bojaxhiu starb am 12. Juli 1972, Aga ungefähr ein Jahr später. Lazar war das einzige Familienmitglied, das Mutter Teresa als Ordensfrau noch traf (so etwa 1960 in Rom und 1979 in Oslo bei der Verleihung des Friedensnobelpreises).

Hier sollten die Angehörigen des neuen Ordens wirken und auch selber leben: inmitten der größten Armut, inmitten der Hungernden und Leidenden.

Beim Aufbau ihres neuen Ordens war Mutter Teresa – genau wie beim Austritt aus dem Loreto-Orden – keineswegs so sehr auf sich allein gestellt, wie es in der Mehrzahl ihrer Biografien zu lesen ist. Nur zu oft wurde sie als schutzlose und schwache Frau dargestellt, die so gut wie keine Unterstützung erfuhr. Wäre es so gewesen, dann wäre der Orden der Missionarinnen der Nächstenliebe aller Wahrscheinlichkeit nach ebenso unauffällig geblieben wie die vielen anderen in Indien tätigen Vereinigungen. Tatsächlich jedoch wirkten sowohl Pater van Exem als auch der Erzbischof von Kalkutta selbst aktiv beim Aufbau des neuen Ordens mit. Diesem Einfluss war es zu verdanken, dass drei katholische Wochenzeitungen (*Herald*, *New Leader* und *Examiner*) von Anfang an über Mutter Teresa berichteten – wenn sie auch nur einen begrenzten Leserkreis erreichten. Auch fand sich bereits im ersten Jahr eine Vielzahl von freiwilligen Helfern, die sie in ihrer Tätigkeit unterstützten, darunter hinduistische und katholische Ärzte. Von Kalkuttas Stadtregierung erhielt die Ordensfrau bereits in den ersten Jahren ganz konkrete Unterstützung – sonst wäre es ihr niemals möglich gewesen, ihr weltberühmtes Sterbehaus *Nirmal Hriday* zu eröffnen. Dass solche Hilfeleistungen von außen nicht zur Legende über eine Missionarin passten, deren

Das Sterbehaus *Nirmal Hriday* (siehe S. 50) im Bezirk Kalighat wurde zum Aushängeschild des Ordens: Kein Mensch sollte auf der Straße liegend und alleine sterben müssen.

Erfolg allein auf ihrem festen Glauben fußte, und deswegen gerade in den frühen Biografien keine große Erwähnung finden, ist offensichtlich. Auch wenn außer Frage steht, dass Mutter Teresa ungeheure Leistungen erbracht hat, war sie jedoch sicher nicht die Frau, als die sie der Jesuit Edward LeJoly beschrieb: »So stand sie auf der Straße: schutzlos, ohne Gefährtin, ohne Helfer, ohne Geld, ohne ein Versprechen, eine Garantie, eine Sicherheit von irgendjemand.«

In diesem Zusammenhang ist es bemerkenswert, dass Mutter Teresa sich unmittelbar nach Gründung der Missionarinnen der Nächstenliebe intensiv darum bemühte, in den Besitz jeglicher Korrespondenz und Dokumente zu gelangen, in denen es um die Ordensgründung ging, um diese zu vernichten. Auch später betrieb sie dies immer wieder. Es gehe nicht um ihre Person oder um ihre persönlichen Gedanken, argumentierte sie, denn sie sei nur Ausführende. Jegliches Interesse an ihr sei überflüssig, alle Aufmerksamkeit solle dem Werk gelten, und das Werk sei das des Herrn. Erzbischof Périer und auch seine Nachfolger lehnten es stets ab, die Dokumente Mutter Teresa zurückzugeben, mit der Begründung, die schriftlichen Zeugnisse seien Eigentum des Ordens und ohnehin nicht der Öffentlichkeit zugänglich. Den Inhalt einiger Briefe erfuhr man erst, als ein Teil von ihnen 2007 veröffentlicht wurde. Dennoch gingen viele Zeugnisse im Laufe der

Jahre verloren, beispielsweise beugte sich Pater van Exem selbst irgendwann dem Drängen Mutter Teresas und übergab ihr einen Teil der Korrespondenz, den sie umgehend vernichtete.

Pater van Exem war es, der Mutter Teresa eine medizinische Ausbildung als Grundlage für ihre Tätigkeit in den Slums nahelegte. Dazu reiste sie nach Patna zu den Missionsärztlichen Schwestern im Holy Family Hospital, wo sie von Mutter Anna Dengel in medizinischer Versorgung unterrichtet wurde. Doch schon nach wenigen Wochen teilte sie Pater van Exem ihren Wunsch mit, nach Kalkutta zurückzukehren, weil sie dort mehr über die Krankheiten lernen könnte, die in den Slums tatsächlich auftraten. Neben medizinischen Grundkenntnissen nahm Mutter Teresa aus Patna vor allem die Erkenntnis mit, dass sich ihre zukünftigen Ordensschwestern nicht ausschließlich von Reis und Salz ernähren dürften, wie es der Ordensgründerin ursprünglich vorschwebte, weil sie sonst selbst körperlich bald nicht mehr in der Lage wären, den Armen zu helfen.

Eines der ersten Probleme, die in Kalkutta gelöst werden mussten, war die Frage der Unterbringung. Mutter Teresa hatte sich schon in Patna damit beschäftigt. Ihr Plan war zunächst, in einem leer stehenden Gebäude des Loreto-Konvents unterzukommen; sie ahnte aber, dass es schwierig sein könnte, als ehemalige Ordensfrau dort zu arbeiten. Tatsächlich wurde ihr das von ganz oben abschlägig beschieden. Die neu gewählte Generaloberin der Loreto-Schwestern selbst erklärte, dass das überhaupt nicht infrage käme: »Wir möchten, dass Sie verstehen, dass Loreto mit dem neuen Orden, den Sie zu gründen beabsichtigen, nicht verbunden ist und auch keine Verantwortung dafür übernehmen kann. Es würde den Gebräuchen und dem Geist unseres Hauses widersprechen, wenn wir zuließen, dass sich in einem unserer Häuser ein anderer religiöser Orden niederließe ... Ich hatte den Eindruck gewonnen, Sie hätten vor, als eine Einheimische unter den Ärmsten der Armen in Kalkutta zu leben, und dass Sie durch Ihr Beispiel hofften, weitere Gefährtinnen anzuziehen.«

Diese Haltung der Generaloberin war durchaus nicht ungewöhnlich, denn wenn eine Nonne aus ihrem Orden austrat, hinterließ dies stets einen schalen Nachgeschmack. Die Ausgetretene durfte keinerlei Hilfeleistung oder Unterstützung erwarten.

Der Standpunkt der Generaloberin unterschied sich von dem der Schwestern in Kalkutta, die sich – nach dem ersten Schock darüber, dass Mutter Teresa den Orden verließ – deren Anfrage gegenüber positiv geäußert hatten. Aus der Distanz heraus scheint es dem Oberhaupt des Loreto-

> »Lasse nie zu, dass du jemandem begegnest, der nicht nach der Begegnung mit dir glücklicher ist.«
>
> MUTTER TERESA

Ordens aber offenbar zu riskant gewesen zu sein, diese auf eigenen Wegen wandelnde Schwester zu nah an ihren eigenen Orden heranzulassen.

Die Antwort muss für Mutter Teresa enttäuschend gewesen sein. Artig schrieb sie jedoch zurück: »Man kann nicht plötzlich mit einer Sache brechen, die man zwanzig Jahre lang geliebt hat. Doch wenn Sie wünschen, dass ich keiner der Schwestern mehr schreiben und auch kein reges Interesse mehr an dem, was Loreto tut, zeigen sollte, müssen Sie es nur sagen, und ich werde mich danach richten.«

Ihre Anfrage bezüglich eines Hauses wäre vor allem zum Schutz für ihre sicherlich bald erscheinenden »jungen Gefährtinnen« gedacht gewesen, die einer Einweisung bedurften, bevor sie anfangen könnten zu arbeiten. Weiter schrieb sie: »Als der König der Könige und Seine gesegnete Mutter nach einer Unterkunft suchten, da war auch ›kein Platz in der Herberge‹. Warum sollte dann für uns Platz sein? Auch wir werden einen Stall finden und dort mit dem Werk für die Seelen beginnen.« Mutter Teresa signalisierte damit, dass Gott sich schon um eine Unterkunft für sie kümmern würde – trotzdem klingen ihre Worte gekränkt.

Pater van Exem brachte schließlich Mutter Teresa im Haus der »Kleinen Schwestern der Armen«, St. Joseph, unter, nachdem er die misstrauische Oberin dort davon überzeugt hatte, dass es nur vorübergehend sein sollte. Von dort aus arbeitete Mutter Teresa im Dezember 1948 – nachdem sie sich einige Tage mit intensivem Beten und geistlichen Anweisungen von Pater van Exem vorbereitet hatte – erstmals als Missionarin der Nächstenliebe in den Slums von Kalkutta. Die Slumgebiete der Stadt waren in den Nachkriegsjahren durch die vielen Zuwanderer sprunghaft angewachsen. Wer eine winzige Hütte sein Eigen nennen konnte, gehörte schon zu den Glücklichen. Lebensmittel waren ebenso Mangelware wie medizinische Versorgung oder gar ein Schulbesuch.

Mutter Teresa hielt ihre Eindrücke dieser ersten Tage schriftlich fest. Sie berichtete von den zahllosen Kindern, von Schmutz und Elend, von Armut und Leiden. »Der alte Mann, der auf der Straße lag – nicht erwünscht – ganz allein nur, krank und im Sterben – ich gab ihm zu trinken, und der alte Mann war so merkwürdig dankbar ... Dann gingen wir nach Taltala Bazaar, dort lag eine ganz arme Frau im Sterben, ich denke eher, dass sie an Hunger und nicht an Tbc starb. Welche Armut. Welch wirkliches Leiden. Ich gab ihr etwas, das ihr half, in den Schlaf zu finden, doch die Frau sehnt sich danach, dass man sich um sie ein wenig kümmert. Ich frage mich, wie lange sie noch leben wird ... Ich muss versuchen, irgend-

Seit dem 8. Jahrhundert wurde der überwiegend hinduistische Subkontinent immer wieder von muslimischen Machthabern angegriffen. Im 18. Jahrhundert erstreckte sich das Mogulreich über ein Gebiet, das größer als die spätere britische Kolonie Indien war. Muslimische Herrscher regierten über eine überwiegend hinduistische Bevölkerung. Die britische Kolonialverwaltung im 19. Jahrhundert förderte die hinduistische Führungsschicht, schloss aber Einheimische von wichtigen Führungspositionen aus. Mit dem Indischen Nationalkongress entstand im 19. Jahrhundert eine Unabhängigkeitsbewegung, die von Hindus dominiert war. Ihre führenden Vertreter waren Jawaharlal Nehru (1889–1964) und Mahatma Gandhi (1869–1948). Die Muslime reagierten darauf 1906 mit der Gründung einer eigenen Organisation, der Muslim-Liga, die von Beginn an eine Teilung des zukünftigen Staates Indien betrieb.

Um die Unterstützung Indiens im Zweiten Weltkrieg zu gewährleisten, sicherte die britische Regierung 1942 Gandhi und dem Führer der Moslem-Liga, Ali Jinnah (1876–1948), die baldige Unabhängigkeit Indiens als Dominion im Rahmen des Commonwealth zu, was Gandhi vehement ablehnte: Er forderte die Briten zum sofortigen Verlassen des Landes auf. 1947 wurde der Indian Independence Act verkündet, der die Teilung Indiens in zwei Staaten bedeutete: Die mehrheitlich muslimisch geprägten Gebiete im Nordwesten und Osten bildeten die Islamische Republik West- und Ostpakistan (das später unabhängige Bangladesch), während aus dem Hauptteil des ehemals britischen Kolonialgebietes die Indische Union entstand, deren erster Premierminister Jawaharlal Nehru wurde.

Die Teilung Indiens führte zu einer der größten Bevölkerungsverschiebungen in der Geschichte: Rund 20 Millionen Menschen flüchteten oder wurden vertrieben, wobei es in einem unvorstellbaren Ausmaß zu Morden, Vergewaltigungen und Plünderungen kam.

Hinduistischer und islamischer Terrorismus erschüttern Indien immer wieder, zuletzt die Anschläge in Mumbai am 26. November 2008. Außerdem rüsten die zwei feindlichen Brüder atomar auf. Beide Staaten haben den Atomwaffensperrvertrag nicht unterschrieben. Erst in den letzten Jahren scheint es zu einer vorsichtigen Annäherung zwischen Pakistan und Indien zu kommen.

Aufnahme bei den Missionarinnen der Nächstenliebe fanden nur Patienten, die in keinem Krankenhaus unterkamen und die niemanden hatten, der sich um sie kümmerte.

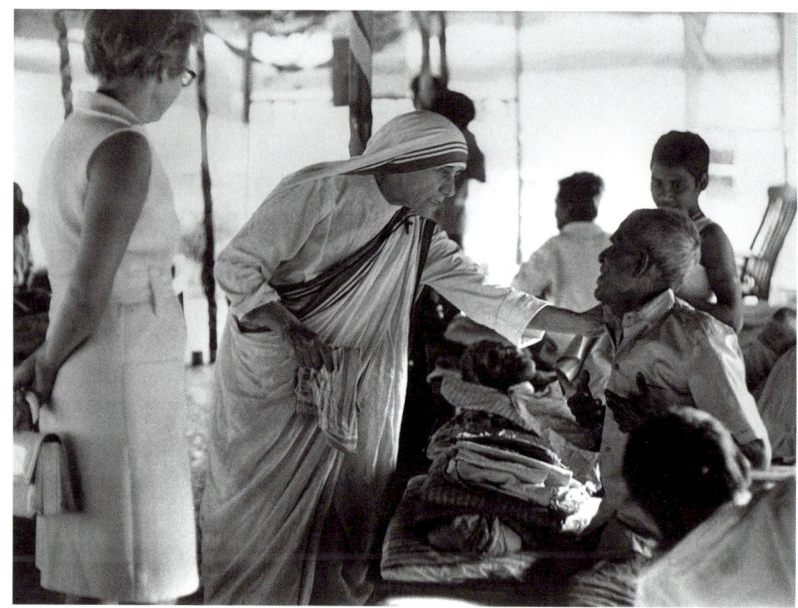

wie an die Leute näher heranzukommen, von denen ich leicht etwas für die Armen bekommen kann.«

Diese persönlichen Berichte lesen sich etwas konfus. Mutter Teresa hatte einen ganz individuellen Schreibstil, sowohl in ihren Briefen als auch in ihren persönlichen Notizen. So kommt z. B. dem Gedankenstrich eine besondere Bedeutung zu: Er ersetzt zum einen andere Satzzeichen, zum anderen zeigt er Gedankensprünge an, und von denen scheint Mutter Teresa viele gehabt zu haben. Sie hatte offenbar nicht immer die Zeit – oder sie nahm sie sich nicht –, einen Satz zu Ende zu formulieren. Von mehreren Seiten wurde ihr ein Hang zu einer gewissen »Hast« nachgesagt, die sie oft ungeduldig werden ließ, die aber auch Zeichen ihrer Lebendigkeit war. Nicht nur ihr Schreibstil war eigen, sondern auch ihr Einsatz von Abkürzungen (wie etwa das kaufmännische »&« statt »und«) und vor allem ihre Rechtschreibung: Die meisten der überlieferten Briefe sind auf Englisch geschrieben, also nicht in Mutter Teresas Muttersprache (das wäre Albanisch gewesen, wobei ihre frühen Briefe aus Indien meist in Serbokroatisch geschrieben waren). Abgesehen von grammatikalischen Ungenauigkeiten, die man auch in ihren mündlichen Äußerungen hörte, neigte sie z. B. dazu, alle Begriffe, die mit kirchlichen und heiligen Dingen zu tun hatten oder denen sie größere Bedeutung beimaß, prinzipiell großzuschreiben, auch wenn das im Englischen so nicht üblich ist.

In ihren ersten Tagen bei den Armen in den Straßen Kalkuttas versuchte sich Mutter Teresa mit Bengali und Hindi zu verständigen. Beides sprach sie zwar nicht besonders gut, aber ihre Kenntnisse reichten aus, den Kindern das Alphabet beizubringen. Schließlich sollte die Kommunikation mit den Armen ja auch eher über das Herz und die Liebe erfolgen als über die Sprache. Sehr bald war sie bekannt als die »Slum-Schwester«.

Vermutlich brachten diese ersten Wochen ihres Dienstes an den Armen die Ordensfrau an die Grenzen ihrer Belastbarkeit. Sie hatte ohnehin geahnt, dass ihr neues Leben »zum größten Teil nur Leiden« bedeuten würde. Wobei sie dieses Leiden sehr schätzte, denn es brachte sie näher zu Jesus, schaffte eine engere Verbindung zu ihm. Doch oft genug wurden die sicheren Mauern des Loreto-Konvents für sie zu einer starken Versuchung, wenn sie in den Slums herumwanderte, bis sie sich tatsächlich fühlte wie eine der Ärmsten unter den Armen. Sie selbst berichtete von den »Qualen der Einsamkeit« und notierte: »Ich frage mich, wie lange mein Herz dies noch leiden kann.«

Als sie zwei Monate später endlich eine Bleibe fand – aufgrund ihrer Gebete oder durch Hilfe Paters van Exem –, war sie mehr als froh, und die sonst so beherrschte Frau zeigte Nerven: »Tränen liefen und liefen. – Jeder sieht meine Schwachheit. Mein Gott, gib mir jetzt Mut, um gegen mich selbst und gegen den Versucher anzukämpfen. Lass mich nicht vor dem Opfer zurückweichen, das ich freiwillig und aus Überzeugung gewählt habe.«

Ein unvoreingenommener Betrachter liest in diesen Worten vor allem große Erschöpfung, der geistlich Geschulte dagegen lobt Mutter Teresas festen Glauben.

In den meisten Biografien finden sich aus der Anfangszeit der »Slum-Schwester« viele erbauliche Geschichten, die meist von Mutter Teresa selbst stammen: etwa die, dass sie schon am zweiten Tag ihrer Tätigkeit von den Kindern begrüßt wurde und diese von ihr auf offener Straße unterrichtet wurden. Nach einer Lektion in Hygiene (»Diejenigen, die nicht sauber waren, wusch ich erst mal gründlich am Wassertank«) folgten Schreibübungen des bengalischen Alphabets (mit dem staubigen Boden als Schultafel) und Katechismus. Als Belohnung gab es für die Kinder ein Glas Milch und als besondere Auszeichnung Seifenstücke.

Zweifelsohne war die Ordensfrau mehr denn je auf Hilfe angewiesen, wollte sie doch möglichst vielen Armen helfen. Sie betete zur Jungfrau Maria, ihr Helferinnen zu schicken. Im März 1949 schloss sich ihr eine ihrer ehemaligen Schülerinnen aus St. Mary's an, was vielleicht auch daran lag,

> »Einsamkeit und das Gefühl, unerwünscht zu sein, ist die schlimmste Armut.«
>
> MUTTER TERESA

Papst Pius XII. war von 1939 bis 1958 das Oberhaupt der römisch-katholischen Kirche und damit auch für Mutter Teresa die oberste (weltliche) Instanz. Ohne seine Zustimmung hätte sie ihren neuen Orden nicht gründen können.

»Sich selbst zu erkennen und nicht unwahr zu sein, ist die Essenz des Lebens.«

MUTTER TERESA

dass Mutter Teresa eine überzeugende und charismatische Lehrerin gewesen war. Dieser folgten bald andere, und im Juni 1950 zählten schon zwölf Schwestern zu Mutter Teresas neuer Gemeinschaft. Es ist verständlich, dass die Obrigkeit der Loreto-Schwestern über die Abwanderung der Mädchen zu Mutter Teresa nicht begeistert war, vor allem, wenn die jungen Frauen kurz vor ihrem Abschlussexamen standen. Dadurch entstanden Spannungen, von denen Mutter Teresa in einem Brief an den Erzbischof berichtete: »Mutter Generaloberin befürchtet, dass ich eine große Gefahr für die Loreto-Schwestern sei – so hat sie allen verboten, irgendetwas mit mir zu tun zu haben. – Jedes Mittel wurde eingesetzt, um jegliche Hilfe zu unterbinden. – Immer, wenn jemand neu bei uns eintritt, herrscht große Besorgnis im Entally-Konvent. – Deshalb habe ich dafür gesorgt, dass die Schwestern zu Hause für das Abitur ... lernen können. – Doch je mehr man versucht, sie davon abzuhalten, sich uns anzuschließen, desto mehr Mädchen wollen sich uns anschließen ...«

Mutter Teresas Exklaustrierung vom Loreto-Orden war zunächst auf ein Jahr begrenzt, auf ihre Anfragen zur Erneuerung hatte sie bislang keine Antwort bekommen. Der nächste wichtige Schritt war die offizielle Anerkennung des neuen Ordens der Missionarinnen der Nächstenliebe durch den Vatikan. Auch hier setzte sich Erzbischof Périer für sie ein und schrieb nach Rom: »Die arme Schwester M. Teresa versteht nicht, weshalb ihre Petition noch nicht beantwortet wurde, und sie fragt sich voller Sorge, ob sie dieses wundervolle Werk aufgeben und zu ihrem Institut zurückkehren muss.«

Mutter Teresa wandte sich – in gewohnter Hartnäckigkeit – im März 1950 auch selbst an Papst Pius XII. und bat um Anerkennung der neuen Kongregation. In diesem Brief fasste sie die Ereignisse nach dem Verlassen des Loreto-Ordens zusammen und legte dem Oberhaupt der katholischen Kirche eine Art Bericht über ihre Tätigkeit im vergangenen Jahr vor. Und tatsächlich konnte sie eine ganz erstaunliche Bilanz vorweisen: Sie berichtete von den Pflegestationen wie z. B. bei der St.-Teresa-Kirche, in denen Kranke sich kostenlos behandeln lassen konnten, von den Hilfeleistungen ihrer Schwestern und vieler Laienhelfer in den Slums von Tiljala und Haora und von den Schulen wie der Hütte in Motijhil, in denen inzwischen über 350 Kinder unterrichtet wurden.

Ähnlich dringlich wie die Anerkennung der Gemeinschaft war nach wie vor die Frage der Unterbringung. Seit Februar 1949 bewohnte Mutter Teresa einen Raum in einem Haus in der Creek Lane. Pater van Exem fand erneut

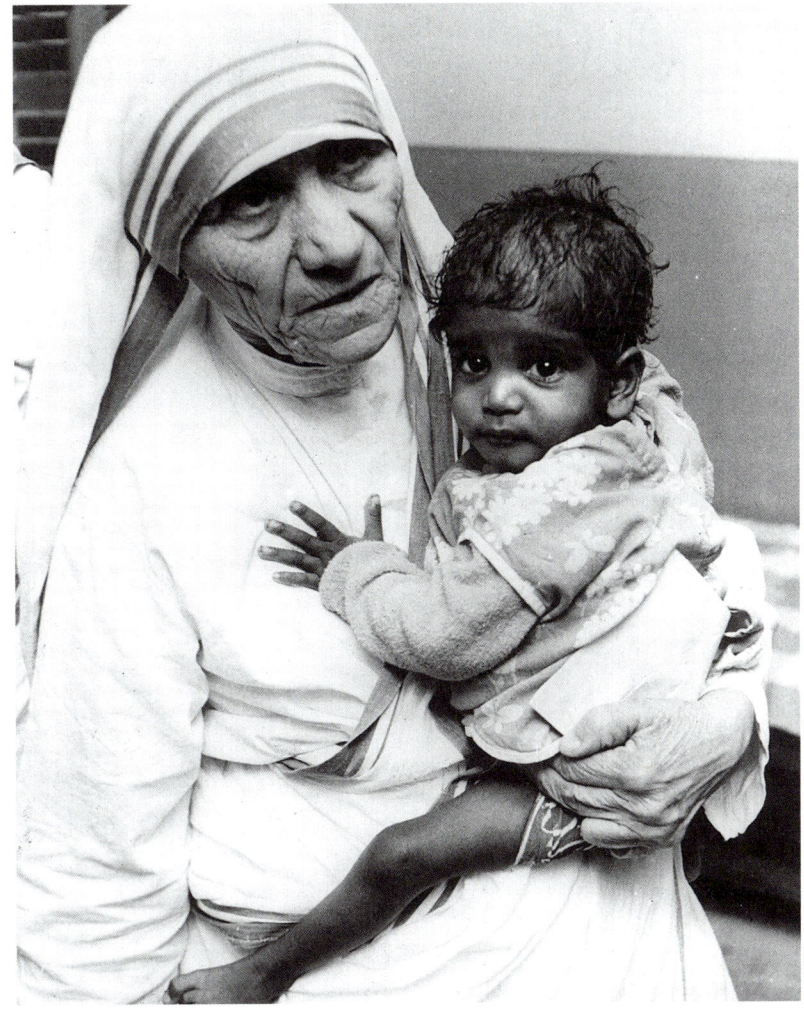

Möglichst alles zu tun, um armen, elternlosen oder behinderten Kindern eine Zukunft zu ermöglichen, war ein fester Bestandteil des Glaubens von Mutter Teresa.

nach langem Suchen etwas Passendes. Das Haus gehörte vier muslimischen Brüdern, von denen zwei bereits in den neuen Staat Pakistan abgewandert waren. Im Erdgeschoss wohnte der dritte Gomes-Bruder mit seiner Familie. Der vierte, Alfred Gomes, erklärte sich einverstanden, Mutter Teresa zunächst einen Raum in der zweiten Etage zu überlassen. Die Einrichtung war so spartanisch, dass der Kommentar einer Nonne gelautet haben soll: »Man kann nicht sagen, dass du Loreto verlassen hast, um reich zu werden.« Mutter Teresa war hochzufrieden mit der Unterkunft, und eine Ecke des Raumes wurde sofort mit einem Bild des Unbefleckten Herzens Mariens ausgestattet und zum Altar erklärt.

Missionarinnen der Nächstenliebe
EIN NEUER ORDEN WIRD GEGRÜNDET

Im Oktober 1950 war es endlich so weit: Die Gemeinschaft um Mutter Teresa wurde vom Papst formell als Diözesankongregration des Bistums Kalkutta anerkannt. Im Heim des neuen Ordens in der Creek Lane – der Hausbesitzer hatte Mutter Teresa inzwischen auch die dritte Etage kostenlos überlassen – hielt Erzbischof Périer persönlich eine Messe in der winzigen Kapelle, die in den Räumen integriert war.

> »Wir begegnen im Armen dem Herrn, der hungert und dürstet, und der Arme können Sie und ich sein.«
>
> MUTTER TERESA

Im Anschluss wurden die für die Gründung des neuen Ordens entscheidenden Worte gesprochen: »Daher setzen Wir durch das vorliegende Dekret zur größeren Ehre Gottes und zur Förderung der Wahrheit, der Gerechtigkeit, der Liebe und des Friedens Christi, des Erlösers, die religiöse Gemeinschaft ein: ihr Name oder Titel: Die Kongregation der Missionaries of Sisters of Charity ...« Es wurde betont, dass diese neue Gruppe ernsthaft geprüft worden war und »kein anderer Orden den Zweck erfüllt, den diese neue Institution anstrebt«. Noch am selben Tag begannen die elf Mädchen und Frauen, die sich Mutter Teresa bis zu diesem Zeitpunkt angeschlossen hatten, ihr Postulat als Missionarinnen der Nächstenliebe. Im Dezember desselben Jahres erhielt Mutter Teresa den Status einer Novizenmeisterin.

Vor der offiziellen Anerkennung war das von Mutter Teresa aufgesetzte Regelwerk von Pater van Exem – in Abstimmung mit der Urheberin – ergänzt und in eine kirchenrechtlich abgesicherte Form gebracht worden, bevor sie von Erzbischof Périer zur Prüfung nach Rom geschickt worden war. Im Großen und Ganzen basierte das Regelwerk auf dem des Loreto-Ordens, welches sich wiederum an den jesuitischen Regeln orientierte.

Zusätzlich zu den üblichen Ordensgelübden der Armut, Keuschheit und des »freudigen, unverzüglichen, blinden und einfachen« Gehorsams war bei den Missionarinnen der Nächstenliebe das Gelöbnis des »Dienstes an den Ärmsten der Armen« in den Statuten formuliert. Das bedeutete, dass die Schwestern sich in ihrer Arbeit auf von der Gesellschaft ausgestoßene und existenzgefährdete Menschen konzentrieren sollten, mit diesen auf einem Niveau zu leben hatten und für ihre Arbeit keinerlei Gegenleistung entgegennehmen durften.

Neue Mitglieder mussten nach strengen Regeln unter Beweis stellen, dass sie ein solches Leben in ärmsten Verhältnissen tatsächlich führen woll-

ten und konnten. Das Mindesteintrittsalter lag bei 16 Jahren. Erst nach längerer Selbstprüfung und einer Phase als Aspirantin begann das einjährige Postulat, das der Einführung in das religiöse Leben des Ordens diente. Es folgte das zweijährige Noviziat, das mit den ersten zeitlich beschränkten Gelübden endete. (Heute erfolgt die Ausbildung der Novizinnen außer in Kalkutta auch in Manila, Nairobi, San Francisco, Rom und Warschau.) Die ewigen Gelübde erfolgten nach dem einjährigen Tertiat und einem letzten Besuch der Schwester bei ihrer Familie. Jedes Ordensmitglied musste einmal im Jahr die ignatianischen Exerzitien absolvieren.

Wenn es für den Orden sinnvoll erschien, wurde einem Teil der Schwestern erlaubt, einen Beruf zu erlernen, wie z. B. Ärztin, Juristin, Lehrerin, Pflegerin oder Wirtschafterin. Denn je mehr Kenntnisse und Fähigkeiten innerhalb der Vereinigung vorhanden waren, desto geringer war die Abhängigkeit von außenstehenden Organisationen. Ein Beispiel dafür war Schwester Nirmala, die mit 24 Jahren dem Orden beitrat und in Mutter Teresas Auftrag Jura studierte. 1997 sollte sie zur Nachfolgerin der Ordensfrau gewählt werden.

Gemäß dem allumfassenden Armutsgelöbnis war den Missionarinnen der Nächstenliebe kaum persönliche Habe erlaubt. In Mutter Teresas Notizen zum Regelwerk stand: »Sie [die Schwester] verzichtet auf das Recht, irgendetwas als ihr Eigentum zu besitzen. Gegenüber den zeitlichen Gütern

Nicht nur in Kalkutta waschen die Missionarinnen der Nächstenliebe die Wäsche mit der Hand. In allen Niederlassungen weltweit sind moderne Errungenschaften wie Waschmaschinen verpönt. Unter den »Ärmsten der Armen« und wie diese in Einfachheit zu leben, ist Teil des Gelöbnisses.

Der Kalighat-Platz gehört heute zu Kalkuttas Sehenswürdigkeiten. Der Tempel der Göttin Kali (die der Stadt auch ihren Namen gab) ist eine der bedeutendsten Pilgerstätten für fromme Hindus.

dieser Welt soll sie wie eine Tote sein.« Die Missionarinnen besaßen maximal drei Garnituren der Ordenstracht (weißer Sari mit den drei blauen Streifen als Borte), kaum Unterwäsche, eine wärmere, gestrickte Jacke und ein Paar Sandalen. Weitere Kleidungsstücke wie Mäntel gehörten der Gemeinschaft und wurden von derjenigen benutzt, die sie gerade nötig hatte.

Da die Schwestern ausschließlich auf Spenden angewiesen waren, ergaben sich vor allem in der Anfangszeit zwangsläufig immer wieder Engpässe auch bei der Bekleidung. In den Biografien werden amüsante Geschichten erzählt, die sich aus der Armut der Ordensfrauen ergaben: So soll eine Schwester in Ermangelung irgendwelcher anderer Schuhe einmal mit roten Stöckelschuhen zur Messe gegangen sein, eine andere hatte auf dem Rücken ihres Gewandes die Worte »Nicht zum Wiederverkauf bestimmt« stehen, weil die Kleidung der Missionarinnen aus alten, beschrifteten Säcken genäht war.

Als persönliches Eigentum waren jeder Schwester ein Rosenkranz, ein Gebetbuch, ein Ordenskreuz, ein Löffel und eine Tasche aus einfachem Stoff gestattet. Privatsphäre gab es nicht: »Sie sollten gemeinsam essen, schlafen und arbeiten.« Das Essen musste landestypisch und möglichst einfach sein. (Von ihrer Ursprungsidee, die Schwestern sollen sich ausschließlich von Reis und Wasser ernähren, hatte Mutter Teresa wie erwähnt nach den medizinischen Belehrungen in Patna abgelassen.) Oft genug war das Nahrungsangebot sowohl für die Schwestern als auch für deren Schützlinge nicht ausreichend. Dies wurde laut Berichten der Schwestern folgendermaßen gelöst: »Mutter gab uns die Liebe zum Betteln von Tür zu Tür. Wir nahmen einen großen Ölkanister und holten Essensreste von Familien aus der Canal Street, die Mutter Teresa dann am Nachmittag in die Pflegestation für bedürftige Kinder brachte.« Mutter Teresa war in den Augen ihrer Schülerinnen ohnehin ein Wunder, wenn es darum ging, Nahrung zu beschaffen.

Im Regelwerk war auch festgelegt, dass die Häuser bzw. Wohnungen der Missionarinnen der Nächstenliebe möglichst in armen Stadtvierteln liegen sollten und dass der beste Raum einem kleinen Altar vorbehalten war. Unentbehrlich waren darin ein Kruzifix mit der Aufschrift »Mich dürstet« und ein Andachtsbild vom »Unbefleckten Herzen Mariens«, der Patronin des Ordens. In diesem Raum wurde gebetet und die tägliche Messe abgehalten (auf Englisch als Umgangssprache des Ordens). Die übrigen Zimmer sollten so einfach wie möglich eingerichtet sein, Annehmlichkeiten oder moderne Errungenschaften wie Radios (und später Fernseher oder Waschmaschinen) wurden nicht geduldet. In jeder Niederlassung sollten vier bis fünf Schwestern leben und arbeiten. Damit ergab sich automatisch ein eingeschränkter Wirkungskreis.

Die (ideelle) Hauptaufgabe der Schwestern war es, Christus zu den Ärmsten der Armen zu bringen und dort dessen Durst nach Liebe und Seelen zu stillen. In der Praxis hieß das: liebevolle Pflege der Kranken, Begleiten der Sterbenden (u. a. durch rechtzeitiges Rufen des Priesters), Aufnahme der von der Gesellschaft Ausgestoßenen und nicht zuletzt Unterrichten der Kinder im Lesen, Schreiben und Beten. All diese Dienste waren im Regelwerk genauestens festgelegt und detailliert beschrieben. Die Gemeinschaft der Schwestern sollte geprägt sein von »liebevollem Vertrauen«, »völliger Hingabe« und »Heiterkeit«.

Der Tagesablauf einer Schwester der Nächstenliebe war streng geregelt und teilte sich zwischen »Diensten an Gott« und »Diensten an den Menschen« auf. Bei der Missionsarbeit sollten die Schwestern »Unserem Herrn alles mit einem freudigen Lächeln geben« und ständig den Rosenkranz beten: »Unsere Regel fordert von uns, erst dann in die Slums zu gehen, nachdem wir den Lobpreis Mariens gebetet haben, darum müssen wir den Rosenkranz auf den Straßen und in den dunklen Löchern der Slums beten. Haltet euch am Rosenkranz fest wie Efeu am Baum – ohne Unsere Liebe Frau können wir nicht stehen.« Der Tag war streng strukturiert:

4.40 Uhr	Aufstehen
5.00 Uhr	Stundengebet
5.45 Uhr	Messe mit Predigt
ab 8.00 Uhr	Frühstück und anschließend Missionsdienst
12.30 Uhr	Mittagessen, danach Ruhepause
14.30 Uhr	Lesungen und Meditation, anschließend Tee

> »Wir wollen ganz leben wie die Armen, damit wir wirklich spüren, wie ihnen zumute ist.«
>
> MUTTER TERESA

15.15 Uhr	Eucharistische Anbetung
16.30 Uhr	Missionsdienst
19.30 Uhr	Abendessen
21.00 Uhr	Nachtgebet
21.45 Uhr	Nachtruhe

1953 bekamen die Missionarinnen der Nächstenliebe ein neues Heim, nachdem die Etagen in der Creek Lane mit inzwischen 27 Schwestern aus allen Nähten platzten. Wie der Orden an das neue Anwesen in der damaligen Lower Circular Road (heute Acharya Jagadish Candra Bose Road) kam, ist wie so oft mit einer erbaulichen Geschichte verbunden: Das Anwesen, das aus zwei Häusern und einem dazwischenliegenden Hof bestand und das bis heute das Mutterhaus des Ordens ist, gehörte einem wohlhabenden pensionierten Beamten, der nach Pakistan ziehen wollte. Angeblich hatte dieser seinen Wunsch zu verkaufen noch niemandem mitgeteilt, als Schwester Teresa schon bei ihm anklopfte und ihr Interesse bekundete. Sie hatte im Vorfeld »den Himmel mit ihren Gebeten bestürmt« – und Pater van Exem kannte den Besitzer und hatte ein gutes Wort für sie eingelegt. Tatsächlich erwarb der Erzbischof das Gebäude für einen spektakulär niedrigen Preis, und im Februar 1953 konnten die Missionarinnen der Nächstenliebe einziehen.

Wenige Monate später legten die ersten Missionarinnen der Nächstenliebe ihr erstes Gelübde ab. Mutter Teresa selbst legte ihr letztes Gelübde ab und wurde zur Oberin ihres Ordens. Trotz aller Entbehrungen und Widrigkeiten hatte die Gemeinschaft regen Zulauf.

Bei all den positiven Entwicklungen hütete jedoch Mutter Teresa ein dunkles Geheimnis. Einen Monat zuvor hatte sie an Erzbischof Périer folgende Zeilen geschrieben: »Bitte beten Sie für mich, dass ich Sein Werk nicht verderbe, und dass Unser Herr Selbst sich zeigt – denn in mir ist eine solche Dunkelheit, als ob alles tot wäre. Dieser Zustand besteht mehr oder weniger seit dem Zeitpunkt, als ich mit dem ›Werk‹ anfing. Bitten Sie Unseren Herrn, mir Mut zu geben.« Da war sie wieder, die Dunkelheit, die Mutter Teresa schon früher erwähnt hatte. Doch in der Zwischenzeit hatte Jesus selbst zu ihr gesprochen, hatte ihr einen Auftrag gegeben, den sie getreulich erfüllt hatte – und nun? Jesus meldete sich nicht mehr bei ihr, schickte ihr keine Zeichen, schien sie alleingelassen zu haben.

Es war naheliegend, dass der Erzbischof zunächst dachte, Mutter Teresa sei vollkommen überarbeitet und vielleicht auch etwas überfordert mit der Leitung des neuen Ordens. Er tröstete sie: »Gott führe Sie, liebe Mutter,

Überbevölkerung, unzureichende hygienische Bedingungen und die hohe Luftverschmutzung führen dazu, dass sich in den Slums von Kalkutta Infektionskrankheiten wie die Cholera schnell verbreiten. Hier bei der Epidemie 1950 in Kalkutta wurden auf dem großen Platz von Kalighat Holzstöße aufgeschichtet, auf denen man die Leichen der Cholera-Opfer verbrannte (Foto). Die letzte Cholera-Epidemie in Indien war 2007.

Sie befinden sich gar nicht so sehr im Dunkeln, wie Sie vielleicht meinen. Der Weg, der zu beschreiten ist, mag nicht immer sofort deutlich und überschaubar vor uns liegen. Beten Sie um Licht, treffen Sie keine zu raschen Entscheidungen, hören Sie auf das, was Ihnen andere zu sagen haben, und bedenken Sie deren Ratschläge. Sie werden stets etwas finden, was Ihnen weiterhilft. Es gibt genügend äußere Tatsachen, die Ihnen beweisen, dass Gott Ihre Arbeit segnet. Er ist zufrieden mit Ihnen. Geleitet von Glauben, Gebet, Verstand und rechter Absicht haben Sie genug an der Hand. Gefühle sind da nicht erforderlich, oft sogar irreführend.« Diese Worte werden Mutter Teresa nicht getröstet haben, denn sie suchte eine Erklärung für ihre innere Leere und das Gefühl des Verlassenseins. Trotzdem setzte sie ihre Arbeit unermüdlich fort und verbarg ihren Gram vor den Mitschwestern.

Die Ausstattung des Sterbehauses *Nirmal Hriday* war denkbar einfach, denn wer hierher gebracht wurde, hatte keinerlei Ansprüche mehr. Später wurden die hygienischen und medizinischen Zustände in den Sterbehäusern häufig von Helfern, die dort mitgearbeitet hatten, kritisiert.

Zu dieser Zeit erschienen die ersten Artikel über Mutter Teresa und ihren Orden in Kalkuttas Tageszeitungen. Bekannt geworden waren z. B. die kostenlosen Schulen, die der Orden für die Kinder der Armen, unabhängig von deren Religion, unterhielt. Für Aufsehen sorgte aber vor allem ein Projekt, das ihr schon lange am Herzen gelegen hatte: ein Heim für die Menschen, die einsam auf den Straßen von Kalkutta starben, eine Stätte für die Vernachlässigten, Ungewollten und Abgewiesenen, die ohne jegliche Begleitung ihren letzten Weg gingen. Dass es zu jener Zeit zahllose von diesen Menschen in den Straßen Kalkuttas gab, bezeugt u. a. ein Bericht einer humanitären Helferin, die Mitte der 1950er-Jahre Mutter Teresa traf: »In Sealdah bahnten wir uns den Weg durch die herumliegenden Körper und Habseligkeiten der Flüchtlinge, verfehlten einmal nur knapp die Hand eines schlafenden Kindes und ein anderes Mal kaum die Besitztümer einer alten Frau, die hinter ihren Jutesäcken hockte und uns aus blinden Augen heraus anstarrte.«

All diesen Menschen wollte Mutter Teresa helfen, und damit nahm sie sich eines Problems an, dessen sich die Stadtverwaltung nur zu bewusst war. Jetzt zeigte sich, dass die Offiziellen Kalkuttas und die Ordensfrau gut miteinander auskamen: Die Stadtregierung stellte ihr ein geräumiges ehemaliges Pilgerheim zur Verfügung, das sich im Bezirk Kalighat direkt neben dem dort stehenden Tempel für die hinduistische Göttin Kali befand. Weiter stellte die Stadt jährlich 150 000 Rupien zur Begleichung der Betriebskosten bereit.

Mutter Teresa befand das Gebäude für geeignet und nannte es *Nirmal Hriday*, was aus dem Bengalischen übersetzt »reines Herz« bedeutet. Das Haus wurde spartanisch eingerichtet – mit niedrigen Metallgestellen, darauf eine Unterlage, ein Kissen und ein Sterbehemd –, und die Missionarinnen der Nächstenliebe begannen umgehend, die Sterbenden auf der Straße aufzulesen.

Für die Aufnahme gab es Regeln: Nur wer in keinem Krankenhaus unterkam und ohne Angehörige war, konnte hier ein Lager finden. *Nirmal Hriday* wurde wenig später zum weltbekannten Aushängeschild der Missionarinnen der Nächstenliebe. Das Sterbeheim wirkte in den folgenden Jahrzehnten wie ein Magnet auf freiwillige Helfer und prominente Besucher, die einen Kurzbesuch als Pflichtpunkt absolvierten. Fotos von lächelnden Schwestern im weißen Sari mit der blauen Borte, die den Sterbenden einen menschenwürdigen Tod ermöglichten, sollten durch die Presse auf der ganzen Welt gehen.

Doch auch *Nirmal Hriday* hatte zwei Seiten: Viele der aufgenommenen Menschen starben wegen der so gut wie nicht vorhandenen medizinischen Hilfe. Zudem war das christliche Sterbehaus direkt neben dem altehrwürdigen Kali-Tempel vielen Hindus ein Dorn im Auge. Als das Gerücht aufkam, die Schwestern würden an den Sterbenden Nottaufen durchführen, kam es zu Unruhen, bei denen die Ordensfrauen mit Steinen beworfen wurden und Mutter Teresa bedroht wurde. Sie schrieb an Erzbischof Périer: »Schon wieder gab es Ärger in Kalighat – kaltblütig teilte man mir mit, ich müsse Gott dankbar sein, dass auf mich noch nicht geschossen oder dass ich noch nicht verprügelt worden sei, denn alle, die bisher hier gearbeitet haben, bekamen den Tod als Lohn. Ganz ruhig sagte ich zu ihnen, dass ich bereit sei, für Gott zu sterben. Harte Zeiten kommen auf uns zu, beten wir dafür, dass unsere Kongregation den Test der Liebe bestehen wird.«

Es ist nicht ganz klar, wie sich die Spannungen lösten, denn es gibt unterschiedliche Darstellungen. War es die aufopfernde, liebevolle Pflege, die die Schwestern den Sterbenden zukommen ließen, die die Aufwiegler besänftigte? War es so, dass ein Anführer, der in das Sterbehaus gestürmt war, tatsächlich wieder herauskam und erklärte, er werde die Schwestern nur dann vertreiben, wenn alle Aufständischen zunächst heimgingen und ihre Mütter und Schwestern dazu veranlassen, denselben Dienst an den Sterbenden zu tun? Oder waren Mutter Teresa und ihre Schwestern wirklich die Einzigen, die es wagten, einen Mann, der direkt vor *Nirmal Hriday* zusammengebrochen war und der Symptome der Cholera zeigte, anzufassen und ins Haus zu tragen? Zumal dieser, wie sich herausstellte, auch noch ein Priester des Kali-Tempels war? Auf jeden Fall verebbten die Gerüchte, dass

»Jedes Mal, wenn ein Lastwagen vorbeifuhr, verstand man nicht ein Wort, das während der Messe drinnen gesprochen wurde.«

PATER LEO MAASBURG ÜBER DIE KAPELLE IM MUTTERHAUS DES ORDENS IN KALKUTTA

Indira Gandhi und Mutter Teresa waren nicht immer einer Meinung. Die Maßnahmen von Indiens Ministerpräsidentin (1966–1977) gegen das rasante Bevölkerungswachstum in ihrem Land missfielen der Ordensfrau sehr.

die Missionarinnen der Nächstenliebe heimlich Hindus zu Christen bekehren würden, rasch.

Natürlich hatte auch Mutter Teresa die Vorwürfe der Nottaufen im Sterbeheim vehement zurückgewiesen. Die Sterbenden würden die Sakramente erhalten, die ihrer Religion gemäß angemessen waren: Die Christen bekamen die Letzte Ölung, die Hindus das Ganges-Wasser auf die Lippen, und für die Moslems gab es Lesungen aus dem Koran. »Es gibt nur einen Gott, und er ist der Gott aller«, erklärte Mutter Teresa einem skeptischen Journalisten, der das Sterbehaus besuchte. »Ich habe immer gesagt, wir sollten einem Hindu helfen, ein besserer Hindu zu werden, einem Muslim, ein besserer Muslim zu werden, und einem Katholiken, ein besserer Katholik zu werden.« Sie stellte immer wieder klar, dass die Angehörigen ihres Ordens allen Hilfsbedürftigen zu Diensten seien, unabhängig von deren Religion. Nichtsdestotrotz war die Ordensfrau eine überzeugte, hundertprozentige Katholikin, für die es nur den einen wahren Glauben gab. Aber sah sie es als ihre Aufgabe an, andere davon zu überzeugen? »Gott wirkt auf seine Weise in den Herzen der Menschen, und wir können nicht wissen, wie nahe sie ihm sind«, sagte sie. »Ob Hindu, Muslim oder Christ: Wie du dein Leben lebst, beweist, ob du ihm ganz gehörst oder nicht. Wir dürfen nicht urteilen oder verurteilen … Was allein zählt, ist, dass wir lieben.«

Das Sterbehaus *Nirmal Hriday* verhalf dem Orden zu neuer Popularität, zunächst in Kalkutta, doch bald auch über die Stadtgrenzen hinaus. Die Zahl der freiwilligen Helfer nahm stetig zu, und zu ihnen gehörten auch vermehrt Angehörige der höheren Kasten Indiens sowie Europäer, die in Kalkutta ansässig waren und die durch die örtliche Presse auf den Orden aufmerksam geworden waren.

Zu dieser Zeit lernte Mutter Teresa die Britin Ann Blaikie kennen, deren Mann in Kalkutta für eine englische Firma tätig war. Sie arbeitete zum Zeitvertreib in einem Laden, der Artikel zu wohltätigen Zwecken verkaufte. Ann Blaikie besuchte Mutter Teresa 1954 in einem Kinderhaus und bot ihr an, den Kindern Spielzeug zu spenden. Die Ordensfrau hielt dagegen, dass die Kinder Kleidung dringender benötigten. In der Folgezeit wurde Blaikie und mit ihr andere Frauen des Öfteren für den Orden tätig, indem sie gezielte Spenden- und Sammelaktionen durchführten. Diese Gruppe wurde zum Modell für die Mitarbeiter, die in Zukunft die Missionarinnen der Nächstenliebe unterstützen sollten. Als Papst Paul VI. im Jahr 1969 der »Internationalen Vereinigung der Mitarbeiter von Mutter Teresa« seinen Segen gab, wurde Ann Blaikie zur Vorsitzenden gewählt.

Eine weitere, sehr nützliche Verbindung aus dieser Zeit war die zu Bidhan Chandra (B. C.) Roy, von Beruf Arzt, vor allem aber Regierungsvorstand von West-Bengalen. Mutter Teresa nahm gezielt mit ihm Kontakt auf, um ihre Anliegen vorzubringen. Hartnäckig suchte sie ihn immer wieder auf, bis durch Roys Vermittlung schließlich der Weg zum zuständigen Minister geebnet war. Dadurch wurde die Schaffung des Kinderhauses *Shishu Bhavan* ermöglicht, das im September 1955 eröffnet wurde. Roy erwies sich als große Unterstützung bei der Suche nach einer geeigneten Unterkunft, die schließlich in einem Haus nahe des Mutterhauses endete. In *Shishu Bhavan* lebten bald kranke und ausgesetzte Kinder, die von Ordnungskräften und Sozialarbeitern oder aber von den Eltern selbst gebracht wurden. *Shishu Bhavan* sollten später weltweit noch mehrere Kinderheime folgen, wobei es schwierig ist, hier eine genaue Zahl zu ermitteln. Das nahe liegende Ziel war, den oft halb verhungerten und kranken Kindern zunächst das Überleben zu ermöglichen. Viele Kinder starben innerhalb kurzer Zeit, und wieder wurde Kritik an den mangelnden medizinischen Einrichtungen laut. Mutter Teresa hatte dazu eine ganz pragmatische Haltung: »Ich kümmere mich nicht darum, was die Leute über die Sterbequote sagen. Selbst dann, wenn sie eine Stunde später sterben, müssen wir sie kommen lassen. Diese Kleinen dürfen nicht unversorgt und ungeliebt sterben, denn auch ein winziges Baby kann fühlen.«

Die Überlebenden wurden aufgepäppelt und wenn irgend möglich wieder zu ihren Familien zurückgeschickt, bzw. es wurde versucht, für sie Adoptiveltern zu finden. Den Kindern, die im Heim blieben und die dazu in der Lage waren, versuchten die Schwestern eine Ausbildung zu ermöglichen, entweder in Form einer Handwerkslehre oder einer Schulbildung. Da die ordenseigenen Schulen staatlich nicht anerkannt waren, benötigte man Geldmittel, um das Schulgeld bezahlen zu können. Hierzu suchten die Schwestern gezielt nach wohlhabenden Einwohnern der Stadt, die willens waren, die Ausbildung der armen Kinder zu finanzieren. 1975 wurde dieses individuelle System durch einen Wohlfahrtsfonds ersetzt, der die vorhandenen Gelder gleichmäßig unter allen bedürftigen Kindern verteilte.

Später richtete der Orden in den Kinderheimen noch Gebärzimmer für die Frauen ein, die ihre neugeborenen Kinder bei den Missionarinnen lassen wollten. Mutter Teresa war zeitlebens eine überzeugte und vehemente Gegnerin der Abtreibung – spätestens seit ihrer Dankesrede für die Verleihung des Friedensnobelpreises 1979 wusste das die ganze Welt. Für sie war jedes Kind ein Geschenk Gottes, auch wenn es ungewollt war. Das Thema Abtreibung erzürnte Mutter Teresa so sehr, dass sie hier höchstoffiziell Stel-

Der Jesuitenpater Lawrence Trevor Picachy, geboren 1916 in Darjeeling, war lange Jahre Erzbischof von Kalkutta und einer der Beichtväter Mutter Teresas. Er regte sie dazu an, ihre oft so finsteren Gedanken niederzuschreiben.

»Mutter bettelte bei verschiedenen Missionen, bei Freunden, bei jedermann. Jetzt erhält sie wenigstens Spenden, damals war sie unbekannt.«

SCHWESTER BERNARD, M.C.

Im September 1955 eröffnete Mutter Teresa in Kalkutta das Kinderhaus *Shishu Bhavan*. Das erste Ziel war, den halb verhungerten oder verstoßenen Kindern das Überleben zu ermöglichen und ihnen Zuneigung zukommen zu lassen.

lung bezog und in Form eines Schreibens an die Katholische Bischofskonferenz gegen das Sterilisierungsprogramm der indischen Regierung zu Felde zog. Zudem drückte sie ihre Missbilligung gegenüber der indischen Premierministerin Indira Gandhi persönlich aus. Deren Regierung hatte in den 1960er-Jahren zur Eindämmung des dramatischen Bevölkerungswachstums in Indien nach dem Erreichen der Unabhängigkeit ein (äußerst umstrittenes und fragwürdig umgesetztes) Sterilisierungsprogramm verabschiedet, das in einigen Teilen Indiens zu Zwangssterilisierungen von angeblich mehreren Millionen Männern führte.

Während der Orden der Missionarinnen der Nächstenliebe wuchs und gedieh, ahnte keine der Schwestern, dass es im Herzen der Mutter Oberin, die nach außen hin so gelassen und fröhlich wirkte, ganz anders aussah. »Ich weiß nicht, warum, aber in meinem Herzen ist so eine tiefe Einsamkeit«, schrieb sie an Erzbischof Périer. »Wie lange bleibt Unser Herr noch weg?« Sie vernahm keine Botschaften mehr, spürte nicht mal mehr die Anwesenheit Gottes. Dabei hätte sie bei ihrem rastlosen Bemühen und Arbeiten diesen Zuspruch sicherlich dringend benötigt. Der Erzbischof konnte ihr auch nicht helfen, versorgte sie aber mit guten Ratschlägen und wies sie darauf hin, dass es sich zweifelsohne um eine Prüfung handele: »Gott verbirgt sich scheinbar eine Zeit lang. Dies kann schmerzvoll sein, und wenn es länger anhält, kann es zum Martyrium werden.« Er mahnte zur Besonnenheit und wies Mutter Teresa darauf hin, dass ja schließlich auch ihre

Bald nach der Eröffnung des Kinderhauses tauchten auch hier viele freiwillige Helfer auf, um die Missionarinnen der Nächstenliebe zu unterstützen.

Namenspatronin, die »Kleine Teresa«, eine Zeit des Zweifelns durchgemacht hätte. Zu guter Letzt warnte er noch, dass es sich aber auch um eine Versuchung des Teufels handeln könne, der die Ordensfrau bei ihrer wertvollen Arbeit stören wolle.

Der Erzbischof hielt ihre innere Leere noch immer für eine Folge von Überarbeitung und Schlafmangel. Sie aber wusste, dass das nicht der Fall war. Nach wie vor leistete sie ihre Arbeit voller Überzeugung und Freude, und ganz sicher stellte sie nicht ihr Werk infrage – sie war davon überzeugt, das einzig Richtige zu tun und ganz im Sinne ihres Herrn zu handeln und zu dienen. Nur sehnte sie sich nach Trost und nach einer Erklärung für ihre innere Einsamkeit, denn: »Es ist einzig blinder Glaube, der mich trägt.« Dass dies kein vorübergehender Zustand war, zeigen ihre Briefe an den Erzbischof und später auch an Pater Lawrence Picachy, den Rektor des Jesuitenkollegs in Kalkutta und späteren Erzbischof von Kalkutta (1969–1986).

Die Missionarinnen der Nächstenliebe, die mit ihr arbeiteten, bekamen davon nichts mit. »In diesem Jahr bin ich oft ungeduldig & manchmal sogar recht herb bei meinen Bemerkungen gewesen – & ich habe das jedes Mal bemerkt, wenn ich den Schwestern etwas weniger Gutes getan habe«, schrieb sie im April 1955 an Périer. Aber war es angesichts ihres Arbeitspensums nicht verständlich, dass sogar Mutter Teresa gelegentlich ungeduldig wurde? Denn nach der Schaffung des Kinderhauses richtete die Ordensfrau ihre Energien auf ein neues Projekt, diesmal für die Leprakranken.

»Wenn Sie nur wüssten, was sich in meinem Herzen abspielt. Manchmal ist der Schmerz so groß, dass ich meine, alles würde zusammenbrechen. Das Lächeln ist ein großer Deckmantel, der eine Vielzahl von Schmerzen verbirgt. Bitte beten Sie für mich.«

MUTTER TERESA

Lepra, eine der ältesten bekannten Krankheiten, wird schon im Alten Testament als »Aussatz« erwähnt. Seit Ende der 40er-Jahre gab es zwar ein Heilmittel dagegen (1947 war das Antibiotikum Dapson, DDS, eingeführt worden), doch in Indien galt diese Krankheit nach wie vor als unheilbar und sehr ansteckend, was dazu führte, dass Erkrankte aus ihren Familien ausgestoßen wurden, keine Arbeit mehr bekamen und zwangsläufig verarmten. Heute ist die Zahl an neuen Leprafällen weltweit zwar stark rückläufig, doch in Indien gibt es nach wie vor jährlich bis zu 300 000 Neuerkrankungen, und immer noch werden die Kranken teilweise aus ihren Familien vertrieben, wenn sie vom »Fluch Gottes« getroffen werden. Mitte der 50er-Jahre war die Krankheit in Kalkutta ein offensichtliches und massives Problem, vor allem in den Slums, wo die Menschen unterernährt waren, viele ein ohnehin schwaches Immunsystem hatten und um das Überleben kämpften. Noch schwerer als die Krankheit selbst war es, das Unwissen und die Ängste der Bewohner zu bekämpfen. Die Stadtregierung war sich des Problems bewusst, rief einen »Lepratag« aus und gründete einen entsprechenden Fonds für Bedürftige. Zudem erhielten die in Kalkutta tätigen Hilfsorganisationen, die sich für Leprakranke einsetzten, entsprechende Unterstützung. So auch der Orden der Missionarinnen der Nächstenliebe, der in Kalkutta eine gute Presse hatte – nicht zuletzt wegen der Bekanntschaft Mutter Teresas mit Desmond Doig, Redakteur einer der führenden indischen Tageszeitungen, *The Statesman*. Dieser schrieb im Januar 1958 über sie: »Mutter Teresa braucht man in Kalkutta wohl nicht extra vorzustellen. Ihr Eifer und ihr Mitleid dringen auch noch in die abgelegensten Winkel der Stadt vor ... Als Mutter für unzählige verlassene Kinder, als Begleiterin der Sterbenden und Notleidenden, als Helferin der Kranken hat sie in vorher kaum bekannten und so gut wie gar nicht beachteten Gebieten den Kampf gegen das Leiden begonnen.«

Später bot die Stadtverwaltung Mutter Teresa ein Grundstück zur Errichtung einer Lepraklinik an. Doch bevor es so weit war, fuhren die Missionarinnen der Nächstenliebe mit einer mobilen Leprastation in Form eines Lastwagens in die Slumviertel. Sie verteilten an bestimmten Stellen Medikamente (soweit vorhanden), Nahrungsmittel und Milchpulver. Den Lieferwagen, der von einem sympathisierenden Arzt gefahren wurde, hatte das US-amerikanische katholische Sozialwerk gespendet. Die Schwestern erhielten eine Unterweisung über die Behandlungsmethoden von Leprakranken durch einen erfahrenen Arzt, der Erzbischof weihte das Fahrzeug, und auch die nötigen Spendengelder fanden sich. Auch die Frauengruppe

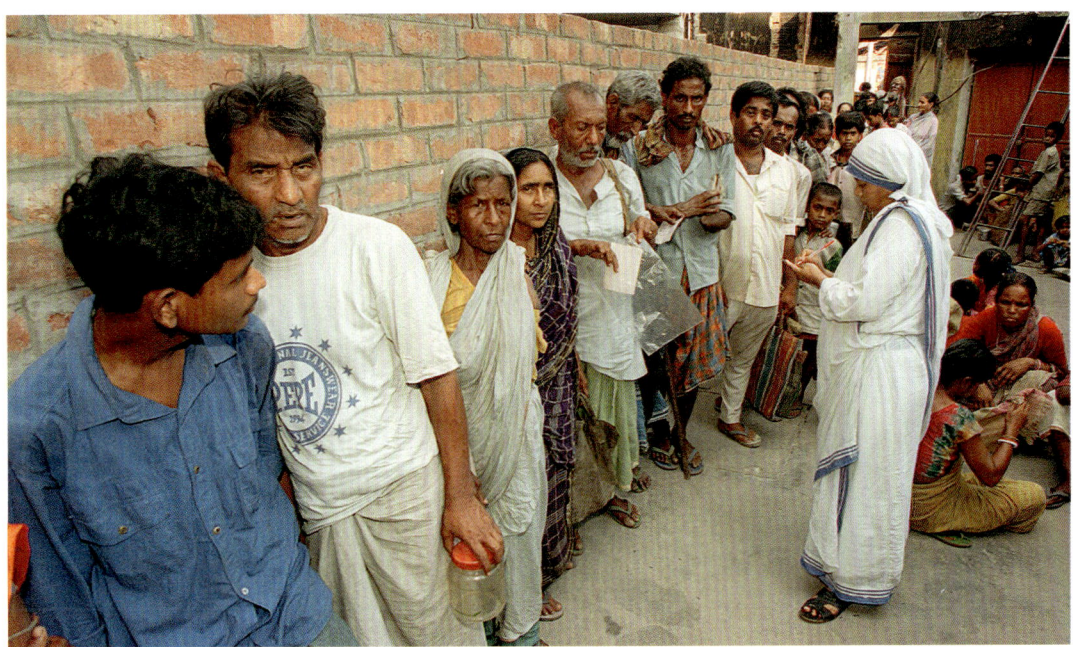

um Ann Blaikie sammelte auf der Straße mit Büchsen, auf denen stand: »Berühren Sie Leprakranke mit Ihrer Güte.«

Die mobile Klinik erwies sich als sehr effektiv und wurde in der nationalen und internationalen Presse vorgestellt. Manche Plätze, an denen das Fahrzeug der Schwestern immer wieder hielt, um die Kranken zu umsorgen, wurden zu regelrechten Zentren. Einer davon lag im Elendsviertel Titagarh auf einem verwahrlosten Grundstück, durch das sich Abwassergräben zogen und in dessen Nähe die Leprakranken in Kolonien hausten. Anfangs hielt der Wagen der Missionarinnen unter einem Baum inmitten des leeren Grundstücks. An dieser Stelle wurde 1959 die erste stationäre Lepraklinik eröffnet (*Gandhiji Prem Nivas Leprosy Centre*). Das Gebäude hatte die Stadt gestiftet, und eine ortsansässige Firma hatte die Finanzierung übernommen. Die Eröffnungsfeierlichkeiten fanden in den Medien viel Aufmerksamkeit, denn es waren sowohl Mitglieder der indischen High Society als auch mehr als 200 Leprakranke anwesend (die auf das versprochene Essen warteten). Mutter Teresa wurde um eine Dankesrede für die edlen Spender gebeten, doch es war Ann Blaikie, die im Namen des Ordens die entsprechenden Worte an den Stadtrat und die Firmenleitung richtete. Mutter Teresa hatte zu diesem Zeitpunkt ihre Scheu, vor einem breiten Publikum zu sprechen, noch nicht überwunden.

Im Straßenbild Kalkuttas sind die Ordensschwestern in ihren weißen Saris mit der blauen Borte ein fester Bestandteil. Sowohl im Mutterhaus als auch mit mobilen Stationen versuchen sie, möglichst viele der Slumbewohner mit Nahrung und Medizin zu versorgen.

LEPRA – GEISSEL DER ENTWICKLUNGSLÄNDER

»Lepra ist heilbar!«, verkündete die Weltgesundheitsorganisation (WHO) 1982. Tatsächlich ist die Krankheit, die als eine der ältesten der Welt gilt, mit einer Kombination von Antibiotika gut zu bekämpfen, wenn sie früh genug erkannt wird. Doch ausgerottet ist sie nicht, denn in Entwicklungs- und Schwellenländern steht die notwendige MDT-Therapie *(Multi-Drug-Therapie)* nicht immer zur Verfügung. Das Bakterium gibt den Wissenschaftlern bis heute Rätsel auf, ein Impfstoff ist noch nicht gefunden. Neben Entwicklungsländern in Südostasien sind heute vor allem noch Brasilien, Madagaskar und einige afrikanische Länder von Lepra betroffen.

Der norwegische Arzt Gerhard Henrik Hansen war es, der 1873 den Krankheitserreger endlich benennen konnte: Das Bakterium *Mycobacterium leprae* verursachte die seit der Antike bekannte Infektionskrankheit. Die Ansteckungsgefahr ist relativ gering, die Inkubationszeit kann von mehreren Wochen bis zu 40 Jahren betragen. Schon seit Längerem weiß man, dass Faktoren wie schlechter Ernährungszustand, Mangel an Hygiene und beengte Wohnverhältnisse die Ausbreitung von Lepra begünstigen. Neuere Forschungen zeigen, dass es eine Art individuelle Empfindlichkeit bei Menschen zu geben scheint, sodass manche immun sind gegen den Erreger.

Lepra kann in drei verschiedenen Formen auftreten, als tuberkuloide, lepramatöse und Borderline-Lepra, die einen unterschiedlich schweren Verlauf nehmen. Generell sind aber die Haut und das periphere Nervensystem betroffen. Oft verlieren die Erkrankten durch das Absterben der Nerven jegliches Gefühl in ihren Extremitäten und verletzen sich dadurch oft ungewollt, wodurch es zu Verstümmelungen und Infektionen kommen kann. Nur selten verläuft die Krankheit tödlich, aber sie brandmarkt die Erkrankten und drängt sie an den Rand der Gesellschaft.

Dort sammelten sie Mutter Teresa und ihre Missionarinnen der Nächstenliebe auf. Ihr unermüdlicher Einsatz machte die Ordensfrau zu einer der wichtigsten Fürsprecherinnen der Leprakranken weltweit. Gegen Ende ihres Lebens war sie der Meinung, dass sich Menschen mit Lepra inzwischen auch in der Öffentlichkeit zeigen könnten, ohne dass jemand vor ihnen Angst haben sollte. Die Realität schaut anders aus: Die Berichte der Menschen, die der »Fluch Gottes« traf und die von ihren Familien in eines der Lepra-Zentren abgeschoben wurden, zeugen nach wie vor von Vorurteilen und tief liegenden Ängsten in der Bevölkerung.

Die Medienpräsenz und die begeisterten Berichte der Reporter über die Eröffnung der neuen Klinik führten zu einem weiteren Anstieg der Popularität des Ordens. Bis zu diesem Zeitpunkt war der Wirkungskreis der Missionarinnen der Nächstenliebe auf Kalkutta und die direkte Umgebung beschränkt gewesen. Erst nach zehn Jahren hatte ein Diözesanorden normalerweise die Möglichkeit, sich über die Grenzen der Diözese hinaus auszudehnen. Doch nach entsprechenden Medienberichten hatten Bischöfe anderer indischer Städte angefragt, und Erzbischof Périer befürwortete dies. Nachdem der Orden nach wie vor Zulauf hatte und auf inzwischen 85 Schwestern angewachsen war, wurde noch 1959 eine kleine Gruppe von ihnen nach Ranchi gesandt, eine Stadt nordwestlich von Kalkutta, um dort neue Häuser zu eröffnen. Niederlassungen in Neu-Delhi, Jhansi und Agra folgten.

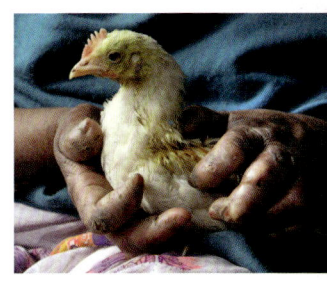

Lepra ist sichtbar und drängt die Menschen heute noch an den Rand der Gesellschaft.

Nach zehn Jahren war der Orden der Missionarinnen der Nächstenliebe über die Grenzen Indiens hinaus bekannt und hatte beachtliche Erfolge errungen. Das lag nicht nur an der aufopferungsvollen Arbeit der Ordensschwestern, sondern auch an den gegebenen Rahmenbedingungen. Städte wie Kalkutta hatten mit den überquellenden Slumgebieten zu kämpfen, und die indische Regierung war gegenüber Hilfe jeglicher Art nicht abgeneigt. Wie schon erwähnt, waren in Kalkutta mehrere (nicht nur christliche) Hilfsorganisationen tätig, von denen nicht viele solch eine Unterstützung bekamen wie die Missionarinnen der Nächstenliebe. Von Anfang an hatte Mutter Teresa nicht nur guten Kontakt zum amtierenden Erzbischof Périer, sondern auch zur Stadtregierung. Diese guten Kontakte sollten sich auch in den nächsten Jahrzehnten immer wieder auszahlen.

Im Juli 1958 warf Mutter Teresa in einem Brief an den Erzbischof einen Blick zurück: »Zehn Jahre zuvor war ›der Ruf‹ nichts als ein Verlangen – heute ist er lebendige Realität. Die Kongregation [der Missionarinnen der Nächstenliebe] lebt mit Seinem Leben – arbeitet mit Seiner Kraft. – Ich liebe die Kongregation mit allen Kräften meiner Seele – doch die Überzeugung, dass sie ganz Sein Werk ist, bewahrt meinen Geist, meine Gefühle, dass ich nur Sein kleines Werkzeug bin – Sein kleines Nichts. Dass Er es ist und nicht ich, der handelt.«

Mehr denn je war die Ordensfrau von der Richtigkeit ihres Tuns überzeugt, auch wenn sie sich nur als das »kleine Werkzeug«, das ausführende Instrument sah. Doch bis auf seltene Momente wurde sie nach wie vor von dem »seltsamen Leiden der letzten zehn Jahre« heimgesucht: dem Gefühl, die Verbindung zu Gott verloren zu haben, von ihm verlassen worden zu sein.

> »Glaube ist eine Gnade Gottes. Ohne ihn würde es kein Leben geben. Und unsere Arbeit muss, um fruchtbar und ganz für Gott zu sein und schön, auf den Glauben gegründet werden.«
>
> MUTTER TERESA

Las Vegas – London – Rom
ÜBER DIE GRENZEN INDIENS HINAUS

Mutter Teresa und ihr Orden rückten immer mehr ins Interesse der Öffentlichkeit – auch wenn das von der Oberin so nicht geplant war: »20 Jahre lang betete ich inbrünstig in Loreto, vergessen zu werden, nicht für die Welt zu sein, ignoriert und für nichts gehalten zu werden – und so ist es, wie der Herr mein Gebet beantwortet hat, doch ich sage noch immer dasselbe Gebet ... Meine größte Demütigung und tägliches Opfer, das ich beständig zu bringen habe, ist es, Menschen, Priester usw. zu treffen. Wie entsetzlich ich mich in meinem Inneren fühle, wenn ich zu den Menschen sprechen muss. Bei den Schwestern & den Armen fühle ich mich nicht so«, schrieb sie 1959.

> »Liebe muss wehtun.«
>
> MUTTER TERESA

War das geheuchelte Bescheidenheit? Vermutlich nicht, denn Mutter Teresa hatte prinzipiell keine Probleme, mit anderen Menschen zu reden – wenn es notwendig war. Lieber aber war es ihr, im Stillen zu arbeiten oder sich nur mit Gleichgesinnten auszutauschen. Oft genug fühlte sie sich auch missverstanden, etwa wenn sie von der indischen Regierung gebeten wurde, einige ihrer Schwestern zu Sozialarbeiterinnen ausbilden zu lassen, da sie doch so erfolgreich mit ihren Methoden war. Mutter Teresa sah sich und ihre Ordensschwestern aber nicht als Sozialarbeiter, sondern als Werkzeuge in der Hand Gottes: »Erfolg« könnte man nur haben, wenn man Jesus in den Armen entdeckte. Um den Armen wirklich zu helfen, bedurfte es ihrer Meinung nach einer Reinheit des Herzens, die nur in einem religiösen Leben zu finden sei: »Wenn wir nicht aufpassen, werden die Reichtümer des weltlichen Geistes uns blind machen. Wir werden Gott nicht sehen können, denn Jesus hat gesagt: ›Selig, die ein reines Herz haben, denn sie werden Gott schauen.‹« Sie lehnte die Bitte der Regierung mit der Begründung ab, sie habe zu wenig Schwestern.

Doch die Öffentlichkeit war längst auf die Missionarinnen der Nächstenliebe aufmerksam geworden. Der Orden war seit seiner Gründung in den gängigen katholischen Wochenzeitschriften in Indien präsent, aber auch in entsprechenden Blättern der westlichen Welt fanden sich ab Anfang der 50er-Jahre Berichte über ihre Tätigkeit in Kalkutta, so z. B. 1951 in der in Deutschland erscheinenden Zeitschrift *Die katholischen Missionen*, dem Presseorgan des »Päpstlichen Werkes der Glaubensverbreitung«. Nicht bekannt ist, ob sich infolge dieser Berichte bereits Geldquellen für den Orden

erschlossen. Schließlich basierte das ganze Ordenssystem auf freiwilligen Gaben von außen. Immer wieder gab es erstaunliche Geschichten, wie im Bedarfsfall nach Gebeten plötzlich Geld vorhanden war – von einem unbekannten Spender. Mutter Teresa hielt sich bezüglich der Finanzen des Ordens immer außerordentlich bedeckt: Zwar wurde zum Teil bekannt, wo die Spenden herkamen, aber wie diese Kontakte zustande kamen, ist kaum herauszufinden. Abgesehen davon scheinen sich die Biografen Mutter Teresas für dieses Thema auch nicht sonderlich interessiert zu haben.

Eine der bekannten Verbindungsstellen war die bereits erwähnte Engländerin Ann Blaikie, die Mutter Teresa seit 1954 kannte. Sie kehrte 1960 nach England zurück und wirkte dort aktiv in einem Wohlfahrtsverband (für Leprakranke) mit. Dieser Verband und das von Blaikie gegründete Mutter-Teresa-Komitee ließen dem Orden in Kalkutta sowohl Sach- als auch Geldspenden zukommen. Wichtiger aber war noch, dass Ann Blaikie für Mutter Teresa Öffentlichkeitsarbeit in Form von Vorträgen und Diashows leistete. Auch das später noch ausführlich beschriebene Interview des Journalisten Malcolm Muggeridge mit Mutter Teresa, das die Ordensfrau in Europa so bekannt machen sollte, wurde von Blaikie vorbereitet.

In Kalkutta waren zu Beginn der 1960er-Jahre auch führende indische Tageszeitungen auf den Orden der Missionarinnen der Nächstenliebe aufmerksam geworden. Je mehr Prominenz sich für den Orden interessierte,

Mutter Teresa sagte ihren Schwestern, wo es langging. Sie war sehr bestimmt in ihren Wünschen und Anordnungen und oft auch ungeduldig gegenüber anderen. Später hatte sie keine Scheu, auch Staatsoberhäuptern gegenüber freimütig ihre Meinung zu äußern.

In allen ihren Einrichtungen – hier vor dem Ster-
behaus *Nirmal Hriday* in
Kalkutta – begegnen
einem Bilder der Ordens-
gründerin.

desto stärker wurde auch die Aufmerksamkeit der Medien. Ein Beispiel für
den zunehmenden Bekanntheitsgrad war die Einweihung eines Kinderhei-
mes in Neu-Delhi, bei der der amtierende indische Ministerpräsident Jawaharlal Nehru anwesend war. Als Mutter Teresa ihn fragte, ob sie ihm etwas
über die Arbeit des Ordens erzählen sollte, soll dieser geantwortet haben:
»Nein, Mutter. Sie brauchen mir nichts über Ihre Arbeit zu erzählen. Ich weiß
davon. Deshalb bin ich ja gekommen.«

Zunehmend interessierte sich auch das Ausland für den Orden und
seine Leitfigur. Im Juli 1960 bekam Mutter Teresa – inzwischen 50-jährig –
eine Einladung vom US-amerikanischen katholischen Sozialwerk: Sie sollte
in Las Vegas vor der »Nationalen Versammlung Katholischer Frauen«, die
etwa zehn Millionen Katholikinnen in den USA repäsentierte, eine Rede halten. Wie dieser Kontakt zustande kam oder durch welche Empfehlungen
oder Hinweise diese Einladung erfolgte, lässt sich leider nicht klären. Bekannt ist aber, dass Mutter Teresa die Anfrage zunächst vehement ablehnte:
»Es tut mir leid, sagen zu müssen – ›Danke, ich werde nicht kommen können.‹ Ich bin nicht bestimmt für Konferenzen und Kongresse. In der Öffentlichkeit zu sprechen, ist nicht meine Sache. – Meine Freundin Miss E. Egan
wird das Nötige vielleicht leisten können – an meiner Stelle.« (Eileen Egan,

»Wenn Sie das Kind
nicht haben wollen,
töten Sie es nicht,
geben Sie es mir!«

Mutter Teresa

Schriftstellerin und engagierte Christin, kannte Mutter Teresa seit Mitte der 1950er-Jahre und begleitete sie auf vielen ihrer Reisen.)

Doch Erzbischof Périer riet ihr, den Kongress zu besuchen und die Fahrt auf sich zu nehmen. Für Mutter Teresa kam das einem Befehl gleich, dem sie zu gehorchen hatte. »Ich fahre allein mit Jesus und für Jesus«, schrieb sie. Es war für sie nach über 30 Jahren die erste Reise über die Grenzen Indiens hinaus, und auch vorher hatte sie außer ihrem Geburtsland nur das Kloster in Dublin für ein paar Wochen kennengelernt. Die bevorstehende Reise und die Vorstellung, vor einem großen Publikum sprechen zu müssen, waren für sie mit Sicherheit eher abschreckend. Sie sah sich selbst nur als »arme kleine Missionarin«.

Über die Vorbereitungen zu dieser ersten Auslandsreise ist nichts Näheres bekannt. Mutter Teresa absolvierte mehrere Stationen und hakte eine ganze Reihe von Terminen ab. Sie begann in Las Vegas: Vor rund 3000 Frauen sprach sie – nachdem sie die Anwesenden auf traditionell indische Art mit zusammengelegten Händen und geneigtem Kopf begrüßt hatte – von der Arbeit der Missionarinnen der Nächstenliebe. Sie erzählte von Jesu Liebe zu den Armen und den Ausgestoßenen und wandte sich schließlich an die Zuhörerinnen mit der Einladung, sich an den »Werken der Liebe« zu beteiligen. Der Vortrag erwies sich als voller Erfolg. Als sie nach ihrer Rede den Anwesenden noch Fragen beantwortete, füllte sich ihr Leinenbeutel, den sie immer bei sich trug, mit Geld.

Dem Besuch in Las Vegas folgte eine Kurzvisite der Stadt Henry in Illinois, da der Orden von dort eine größere Geldspende erhalten hatte. Und nach Chicago und Washington besuchte sie auch New York, wo sie nicht nur Mutter Anna Dengel wiedertraf, bei der sie 1948 in Patna ihre kurze medizinische Ausbildung absolviert hatte, sondern auch einen ersten Eindruck von der Kehrseite der glänzenden westlichen Welt bekam: Die Journalistin Dorothy Day, Gründerin der US-amerikanischen Zeitschrift *Catholic Worker*, nahm Mutter Teresa mit in die Lower East Side, eines der heruntergekommenen Viertel New Yorks.

Auch auf ihrem Rückweg über Großbritannien, Deutschland, die Schweiz und Italien machte Mutter Teresa noch mehrere interessante Bekanntschaften und knüpfte wichtige Kontakte. In London traf sie sich mit einem Mitarbeiter der Hilfsorganisation Oxfam, der ihr Medikamentenlieferungen in Aussicht stellte. In Deutschland besuchte sie das Bischöfliche Hilfswerk Misereor, dessen Direktor die Finanzierung eines neuen Sterbehauses in Neu-Delhi zusagte, falls Mutter Teresa ihm detaillierte Ausgaben-

Als Lichtgestalt der indischen Unabhängigkeitsbewegung an der Seite Mahatma Gandhis wurde Jawaharlal Nehru der erste Ministerpräsident (1947–1964) des neu gegründeten Staates Indien.

Die Schriftstellerin Eileen Egan, überzeugte Katholikin und Pazifistin, begleitete Mutter Teresa auf einigen Reisen und wurde eine enge Freundin. Ihre Biografie »Such a Vision of the Street« berichtet davon.

listen zukommen ließe. Die könne sie ihm nicht geben, soll Mutter Teresa entgegnet haben, denn dafür hätten die Missionarinnen der Nächstenliebe keine Zeit. Schließlich einigte man sich auf eine Schätzung der Baukosten und einen Finanzbericht des Misereor-Buchhalters.

Weitere Stationen ihrer erstaunlichen ersten Auslandsreise waren die KZ-Gedenkstätte Dachau in Bayern sowie die Schweizer Stadt Genf, wo sie einen weiteren Vortrag vor Vertretern katholischer Organisationen hielt. Ihr letztes Ziel war schließlich Rom. Hier setzte sich Mutter Teresa für eine Anerkennung ihres Ordens als ein Institut päpstlichen Rechts ein: Das hätte bedeutet, dass der Orden direkt dem Papst unterstehen würde und weltweit Niederlassungen gegründet werden könnten. Sie führte Gespräche mit Kardinal Agagianian und Erzbischof Pietro Sigismondi über die Arbeit des Ordens und seine Finanzierung. Noch von Rom aus schrieb Mutter Teresa an Ann Blaikie: »Ich zähle schon die Stunden, bis ich ihre [der Schwestern] lächelnden Gesichter wiedersehe – Es war eine sehr lange Reise, die sehr nützlich war, dennoch bin ich froh darüber, dass ich zu meinem einfachen Leben als Missionary of Charity zurückkehren kann.« Ihren ersten Auftritt auf der Weltbühne hatte Mutter Teresa glänzend absolviert. Sie war einfach sie selbst gewesen und hatte von ihrer Arbeit erzählt, ohne sich zu verstellen. Das kam gut an.

Zurück in ihrer Heimat Kalkutta – sie hatte schon 1948 die indische Staatsbürgerschaft angenommen – widmete sie sich wieder einem speziellen Projekt, das ihr am Herzen lag: der Idee eines Dorfes, in dem nur an Lepra erkrankte Familien leben sollten – *Shanti Nagar*, »Stadt des Friedens«. Mutter Teresa dachte an etwa 400 Familien, die in einfachen, aber ansprechenden Hütten untergebracht werden sollten. Die Gemeinschaft sollte weitgehend autark sein, das heißt eigene Felder bewirtschaften, eigene Läden haben usw. Der Orden wollte sich um eine entsprechende medizinische Versorgung und um die Seelsorge der Kranken kümmern. Wie so oft zuvor vertraute Mutter Teresa bei der Verwirklichung ihres Vorhabens ganz auf Gottes Hilfe.

Durch ein glückliches Zusammenspiel mehrerer Faktoren konnte dieses Projekt tatsächlich verwirklicht werden. Zunächst schenkte die indische Regierung dem Orden 34 Morgen Land. Spendengelder kamen von verschiedensten Seiten, u. a. auch vom Päpstlichen Werk der Glaubensvorbereitung in Deutschland und den »Drei-Königs-Sängern«. In der Öffentlichkeit am ehesten registriert wurde die Versteigerung einer weißen Luxuslimousine, die Papst Paul VI. nach seinem Indienbesuch dem Orden geschenkt hatte. Weil sich Mutter Teresa nicht selbst und auch nicht die Schwestern ihres Ordens in dieser Karosse durch die Stadt chauffieren lassen wollten, erklärte sie das Auto kurzerhand zum Hauptgewinn einer Tombola und nahm so deutlich mehr Geld ein, als bei einem normalen Verkauf zu erwarten gewesen wäre.

Shanti Nagar umfasste schließlich nicht nur die Hütten für die leprakranken Familien, sondern darüber hinaus ein Kloster und eine Kapelle, eine Geflügelfarm, eine Ziegelei, ein Krankenhaus, diverse Nutzgärten und Fischteiche. Im medizinischen Bereich arbeiteten mehrere Ärzte und Krankenschwestern ehrenamtlich mit.

Doch Mutter Teresa hatte zunehmend weniger Zeit, sich um das Mutterhaus in Kalkutta und die Niederlassungen in Indien zu kümmern, denn dieser ersten Reise in die weite Welt sollten noch viele weitere folgen. Es ist schwer zu erklären, was die – aus der Distanz betrachtet – eher unscheinbare Frau so publikumswirksam machte, geht man vor allem davon aus, dass sicher nicht alle ihre Zuhörer gläubige Christen waren. Sie genoss ein so großes Ansehen, dass sie bereits die ersten Auszeichnungen für ihr Werk erhielt. Zunächst hatten diese eher regionale Bedeutung, wie z. B. der »Ramon Magsaysay Award«, den sie 1962 im Bereich »Peace and International Understanding« erhielt. Eine große Ehre für sie war die Verleihung des »Padma Shri« durch die indische Regierung am 28. April 1962, eine Auszeichnung für indische Bürger für herausragende Leistungen auf diversen Gebieten. »Ich glaube, dass dies sehr gut für die Kirche ist – für mich persönlich bedeutet es nichts«, schrieb Mutter Teresa ihrer Bekannten Eileen Egan. Da sie sich als ein Werkzeug Gottes betrachtete und ihr ganzes Wesen Gott überließ, erfüllten sie diese Auszeichnungen mit keinerlei persönlichem Stolz. »Wenn die Welt mich daher lobt«, schrieb sie, »berührt es mich wirklich nicht – nicht mal die Oberfläche meiner Seele.«

Und die Welt lobte sie in der Tat. Und sie hätte es vermutlich auch getan, wenn sie von der Gemütsverfassung der Ordensfrau gewusst hätte. In der nach außen hin meist fröhlich wirkenden Mutter Teresa sah es, wie wir inzwischen wissen, anders aus. Seit 1961 war (neben Pater van Exem und Erzbischof Périer) ein weiterer Geistlicher in Mutter Teresas »dunkle« Geheimnisse eingeweiht: der Jesuitenpater Joseph Neuner. Sie hatte ihn im April 1961 im Rahmen geistlicher Exerzitien, zu denen er von den Missionarinnen der Nächstenliebe eingeladen worden war, kennengelernt. Der Pater war tief beeindruckt von Mutter Teresa und forderte sie nach einem privaten Gespräch dazu auf, ihre Erfahrungen aufzuschreiben. Er schien

Die Frauenrechtlerin und Friedensaktivistin Dorothy Day, Gründerin der US-Zeitschrift *Catholic Worker*, kam auf Umwegen zum Katholizismus und eröffnete in den USA mehrere Armenhäuser. Mutter Teresa schätzte sie sehr und schenkte ihr eines der Kreuze, die sonst nur die Ordensschwestern tragen durften.

»Ich denke nie über Geld nach. Es kommt stets. Der Herr schickt es uns.«

MUTTER TERESA

Viele der Kinder, die von den Missionarinnen der Nächstenliebe betreut werden, wurden aufgrund einer Behinderung von ihren Familien verstoßen. Den Gesunden versucht man eine Ausbildungsstelle zu vermitteln.

ihre Gedanken und Ängste gut zu verstehen. »Sie gab mir die Unterlagen mit der ausdrücklichen Bitte, diese zu verbrennen, sobald ich sie gelesen hatte. Ich war zutiefst beeindruckt von der Ehrlichkeit und der Einfachheit ihrer Darstellung sowie von ihrer tiefen Besorgnis, die sie in äußerster Dunkelheit durchlebte: War sie auf dem richtigen Weg, oder war sie einem ganzen Geflecht von Illusionen zum Opfer gefallen? Warum hatte Gott sie total verlassen? Weshalb gab es diese Dunkelheit, so sie doch in ihrem früheren Leben Gott so nahe war? Sie musste ihre Schwestern leiten, sie in die Liebe Gottes und in ein Leben des Gebets einführen, das aus ihrem eigenen Leben weggelöscht war, da sie ja in totaler Leere lebte: War sie zu einer schändlichen Heuchlerin geworden, die anderen gegenüber von den göttlichen Mysterien sprach, die aus ihrem eigenen Herzen vollkommen verschwunden waren?«

Wie Erzbischof Périer vor ihm hob Pater Neuner den Brief von Mutter Teresa auf und erhielt ihn somit für die Nachwelt. Sie schilderte in dem bewegenden Schreiben, wie sich seit der Gründung ihres Ordens die Verzweiflung in ihr immer wieder ausbreitete: »Doch jetzt, Pater – seit den Jahren 49 oder 50 dieses furchtbare Gefühl der Verlorenheit – diese unbeschreibliche Dunkelheit – diese Einsamkeit – diese beständige Sehnsucht nach Gott – das in meinem Herzen diesen tiefen Schmerz verursacht. – Es herrscht eine solche Dunkelheit, dass ich wirklich nichts sehen kann – weder mit meinem Geist noch mit meinem Verstand. – Der Platz Gottes an meiner Seite ist leer – In mir ist kein Gott ... Er will mich nicht. – Er ist nicht da.«

Erneut wird deutlich, dass Mutter Teresa nicht ihr Werk infrage stellte, denn hier war sie nur Ausführende: »Er« leitete »jeden Schritt, lenkt jede Bewegung« und ließ sie die Schwestern den richtigen Weg lehren. Und in der Begegnung mit den Armen und Kranken war sie sich »Seiner« Gegenwart sicher. Sie zweifelte auch nicht an ihrem Glauben oder an ihrer Überzeugung. Nur die Kommunikation mit Gott – die in der Gründungsphase ihres Werks eine so besondere war – ließ zu wünschen übrig, obwohl sie sich intensiv darum bemühte. Das Ausbleiben weiterer Eingebungen muss für die Ordensfrau nicht nur schwer zu verstehen, sondern vor allem frustrierend gewesen sein. Schließlich gab es keinen Grund dafür, dass Jesus nicht mehr zu ihr sprach. Sie hatte doch alles so gemacht, wie er ihr aufgetragen hatte. Trotzdem hatte Gott sie verlassen – kein Wunder, dass sie eine große innere Leere empfand.

Pater Neuner erwies sich als Glücksgriff für Mutter Teresa, denn ihm gelang es, ihre »spirituelle Trockenheit« in einer Art und Weise zu erklären, die sie annehmen konnte und die sie zudem tröstete. Neuner versuchte ihr zu erklären, dass sie von der gleichen »dunklen Nacht« heimgesucht wurde wie »alle Meister des spirituellen Lebens«, wenn es auch bei ihr besonders lang dauerte und tief empfunden war. Dagegen gäbe es kein menschliches Heilmittel, aber sie könne davon überzeugt sein, dass Jesus ihr gerade in der Dunkelheit nahe sei, denn: »Niemand kann sich nach Gott sehnen, ohne dass Gott in seinem Herzen gegenwärtig ist. Daher ist die einzig mögliche Entgegnung auf diese Prüfung die totale Hingabe an Gott und die Annahme der Dunkelheit in Einheit mit Jesus.« Und zur »totalen Hingabe« war Mutter Teresa fähig, das hatte sie oft genug unter Beweis gestellt. Schon in ihrem Privatgelübde, das sie 1942, also Jahre vor ihrer zweiten Berufung, abgelegt hatte, hatte sie unter Strafe der Todsünde geschworen, »Ihm nichts zu verweigern«. Ihre Seele schien nun etwas mehr Ruhe zu finden: »Zum ersten Mal in diesen elf Jahren – fing ich an, die Dunkelheit zu lieben«, schrieb sie an Pater Neuner.

40 Jahre später schrieb Pater Neuner im Magazin *Review for Religious*: »Es war die erlösende Erfahrung ihres Lebens, als sie erkannte, dass die Nacht ihres Herzens der besondere Anteil war, den sie an Jesu Passion hatte … So sehen wir, dass die Dunkelheit eigentlich das geheimnisvolle Band war, das sie mit Jesus vereinte.« Das Band hielt bis zum Lebensende, aber auch wenn es Mutter Teresa ab diesem Zeitpunkt vielleicht ein wenig leichter fiel, ihre Rolle anzunehmen, war sie doch nie frei von diesen dunklen Momenten und ihren inneren Seelenqualen. Ihre zunehmende Reisetätigkeit quer durch die ganze Welt, die sie immer weiter wegführten von ihrem »Zuhause« in Kalkutta, verstärkten ihre Isolation noch mehr.

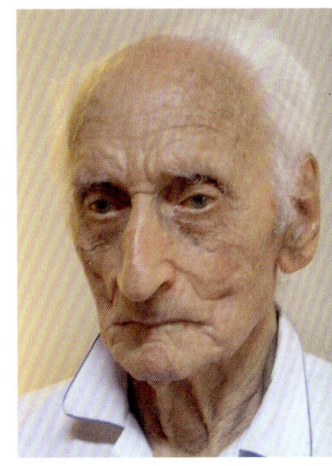

Der Jesuitenpater Joseph Neuner arbeitete knappe 50 Jahre als Dozent an der indischen Universität Pune. Nach 1961 wurde er zu einem der Beichtväter Mutter Teresas und übernahm später eine bedeutende Rolle in ihrem Seligsprechungsprozess. Pater Neuner starb 2009 im Alter von 101 Jahren.

»Mutter Teresa verfügte über ein Organisationstalent, um das sie so mancher Konzernchef beneidet hätte.«

AUS EINER DIPLOMARBEIT IN KATHOLISCHER THEOLOGIE

Bruder Andrew und Co.
DER AUSBAU DES ORDENS

Nach außen hin schien Mutter Teresas Tatendrang keine Grenzen zu kennen. Sie eröffnete neue Niederlassungen, reiste ins Ausland und hatte auch hinsichtlich der Struktur des Ordens der Missionarinnen der Nächstenliebe Ideen. Sie wollte beispielsweise die Gemeinschaft um einen Bruderorden erweitern, dessen Mitglieder im selben Geiste ausgebildet werden sollten. Mutter Teresa hatte ganz klare Vorstellungen von der Arbeitsteilung zwischen Mann und Frau, zudem sah sie, dass es ihren Schwestern in vielen Fällen an der physischen Kraft fehlte, um manches zu bewerkstelligen.

»Ohne Leiden wäre unser Wirken nur ein soziales Werk, wohl sehr gut und hilfreich, aber nicht das Werk Jesu Christi, nicht Teil der Erlösung.«

MUTTER TERESA

Über Pater van Exem wandte sich Mutter Teresa an den neuen Erzbischof von Kalkutta – der Nachfolger von Ferdinand Périer war 1960 Vivian Anthony Dyer geworden – mit der Bitte, eine Bruderschaft für ihren Orden eröffnen zu dürfen. Dieser befürwortete die Idee und teilte Pater van Exem mit: »Sagen Sie ihr, sie soll anfangen.« Zunächst gab es drei Männer, die 1963 mit dem Segen des Erzbischofs zu einer Gemeinschaft zusammengefasst und mithilfe von Pater Julien Henry nicht nur geistlich unterwiesen, sondern auch in das Tischlerhandwerk eingeführt wurden.

Die Entwicklung der Bruderschaft ließ sich nur schleppend an, denn eine offizielle Anerkennung durch Rom stand noch aus und würde auch erst dann erteilt werden, wenn sich zeigte, dass die neue Gemeinschaft von Dauer war. Auch die Suche nach einem Oberhaupt (eine Frau konnte einem Männerorden nicht vorstehen) gestaltete sich nicht einfach: Mutter Teresas bevorzugte Kandidaten – zwei Jesuitenpater, die sie schon länger kannte – wurden von ihrem Orden nicht zur Verfügung gestellt. Ein anderer Kandidat verließ die Gemeinschaft nach sechs Monaten wieder.

Schließlich fand man 1965 den Richtigen: den 30-jährigen Jesuitenpater Ian Travers-Ball. Dieser hatte 1962 einen Vortrag von Mutter Teresa gehört und schon einige Wochen bei den Missionarinnen der Nächstenliebe gearbeitet. Er fand die Zustimmung der Oberin, die ihn als »wirklich sehr heilig« bezeichnete. Wie auch sie vertraute er auf die göttliche Vorsehung und sah sich als Werkzeug Gottes dem Dienst an den Ärmsten der Armen verpflichtet. Nachdem Pater Ian vom Jesuitenorden zunächst für drei Jahre »freigestellt« worden war, übernahm er 1966 die zu diesem Zeitpunkt zwölf Personen umfassende Männergruppe.

Als 1967 aus Rom die offizielle Anerkennung der Bruderschaft als Kongregation der Erzdiözese Kalkutta kam, übergab Mutter Teresa die Leitung

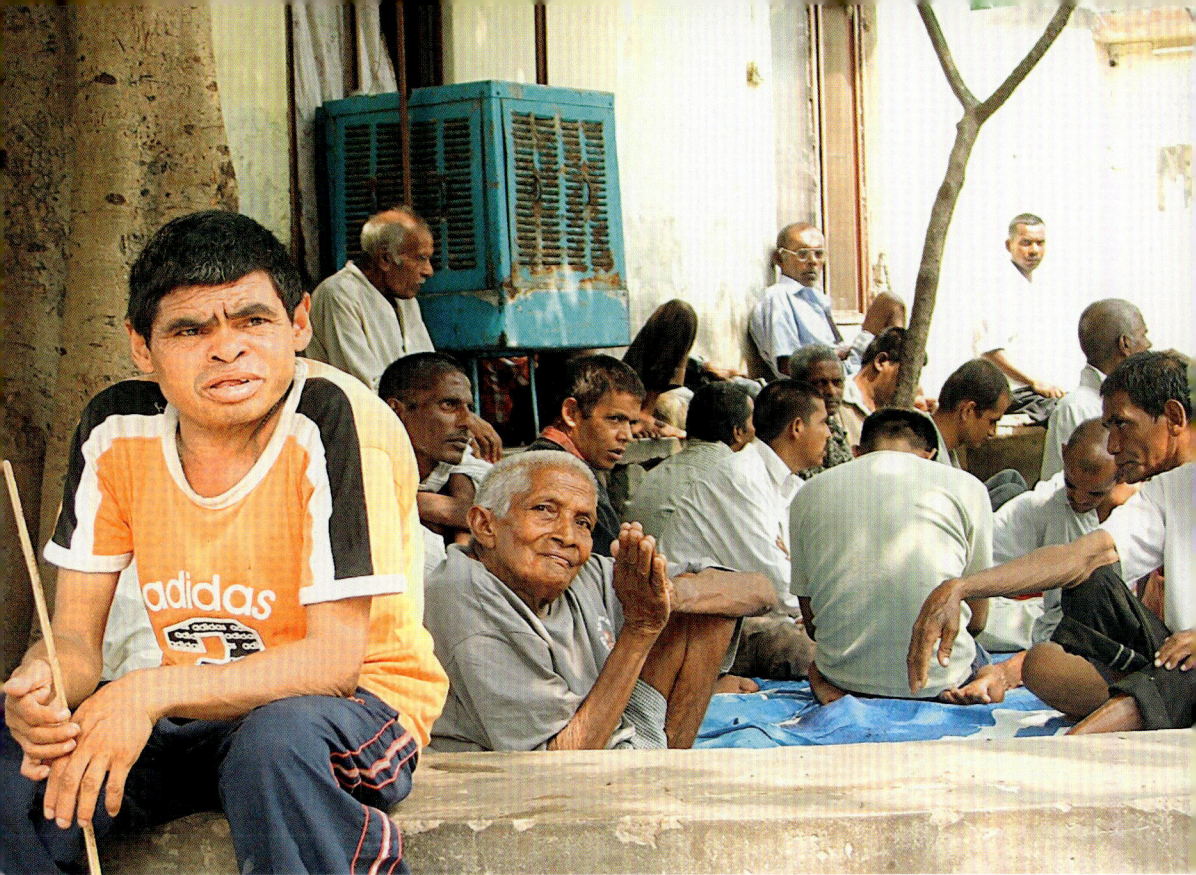

offiziell an Pater Ian, der sich nun Pater Andrew nannte. Die Ordenstracht der Mönche bestand aus einem einfachen weißen Hemd, einer weißen Hose und einem Kruzifix, das über dem Herzen getragen wurde. Ihre erste Niederlassung lag im Stadtteil Khidirpur, 1968 kam ein zweites Haus dazu. Die Aufgabengebiete umfassten vor allem die Pflege von Männern im Sterbehaus *Nirmal Hriday*, die Arbeit mit den Leprakranken und schwerere körperliche Verrichtungen, die die Schwestern nicht leisten konnten. Sie nahmen verwahrloste, verwaiste oder geistig behinderte Jungen auf und versuchten, diesen eine Ausbildung zu ermöglichen.

Pater Andrew passte das Regelwerk der Missionarinnen der Nächstenliebe an die Bedürfnisse eines Männerordens an. Die Lebensweise der Brüder war anders als die der Schwestern, was bei Mutter Teresa nicht immer auf Wohlwollen stieß. Die Mönche durften z. B. Gastfreundschaft annehmen und auch in ihrem Haus als Gastgeber auftreten, während die Schwestern sich zum Essen und Schlafen vollkommen zurückzogen und unter sich waren. Zudem war der Tagesablauf der Mönche nicht so überaus streng geregelt wie der der Schwestern.

Pater Andrew entzog sich mehr und mehr der Einflussnahme Mutter Teresas und war entschlossen, die Bruderschaft als eigenständige Gemeinschaft zu führen. Dadurch ergaben sich wiederholt Unstimmigkeiten zwi-

Mitte der 1960er-Jahre erweiterte Mutter Teresa ihren Orden um einen männlichen Zweig. Die Mönche betreuten bevorzugt die Männer in *Nirmal Hriday* und später verwahrloste oder behinderte Jungen in eigenen Häusern.

Schwester Nirmala, die erst mit 24 Jahren in den Orden eintrat, wurde 1997 zur Nachfolgerin Mutter Teresas als Generaloberin gewählt. Zuvor hatte sie den kontemplativen Ordenszweig geleitet. Nach ihrer Wahl hieß es: »Teresa bleibt die Mutter des Ordens, Schwester Nirmala ist die neue Leiterin.«

»Wie könnte ich den Armen ins Gesicht sehen, wie könnte ich ihnen sagen, ich liebe und verstehe euch, wenn ich nicht wie sie lebe?«

Mutter Teresa

schen den beiden, wie etwa bezüglich der Frage, ob die Mönche ausschließlich im Schlafsaal (damals noch in *Shishu Bavan*) nächtigen durften oder auch auf der Terrasse des Hauses. Und auch in der konkreten Arbeit ergab es sich, dass die Mönche weniger den Schwestern zuarbeiteten – wie es ursprünglich von Mutter Teresa gedacht gewesen war – als vielmehr individuell auf die jeweiligen Situationen reagierten. Dennoch gab es eine grundlegende Übereinstimmung zwischen den Orden. Rückblickend schrieb Pater Andrew: »Ich muss sagen, sie [Mutter Teresa] gab mir völlige Freiheit, auch wenn sie nicht einer Meinung mit mir war. Aber es muss auch gesagt werden, dass sie ärgerlich und verletzt sein konnte – und es zeigte. Bei solchen Gelegenheiten hätte ich nachgeben können, und sie wäre sehr froh gewesen, ihren Kopf durchzusetzen. Wenn ich meine Position hielt, nahm sie es hin – am Ende war sie immer gnädig, wie ich hinzufügen muss. Sie war wundervoll, weil sie nicht nachtragend war.«

Der Bruderorden der Missionarinnen der Nächstenliebe trat später auch international auf, erlangte aber nicht die gleiche Aufmerksamkeit wie der Nonnenorden. 1993 waren an die 400 Brüder in 76 Häusern in verschiedenen Ländern aktiv. Pater Andrew stand dem Männerorden bis 1986 vor, dann trat er aus. Auf der einen Seite hatte er schon länger darüber nachgedacht, in ein, wie er es ausdrückte, »kleineres Boot« umzusteigen, und seine

Verantwortung abzugeben, auf der anderen Seite sah er sich durch die katholische Obrigkeit Vorwürfen des wiederholten Alkoholmissbrauchs ausgesetzt. Ein Klinikaufenthalt wurde ihm nahegelegt, den er aber ablehnte. Das war sein Ende als Missionar der Nächstenliebe. Er ging zurück in seine Heimat Australien und hinterließ eine schmerzliche Lücke im Orden, und einige Mönche in seinem Alter folgten seinem Beispiel. Mutter Teresa erfuhr von der Angelegenheit erst, als er bereits ausgetreten war.

Mutter Teresa ergänzte ihren Orden in den folgenden Jahrzehnten noch um weitere Zweige, denn ihr Ziel war ein weltweiter »Organismus der Liebe«: So wie die körperlich stärkeren Mönche ursprünglich den Missionsschwestern helfen sollten, sollten weitere Ordenszweige andere Lücken füllen. Kam bei den hart arbeitenden Schwestern in den jeweiligen Niederlassungen trotz strengem Reglement das Beten zu kurz, sollte es eine Organisation geben, die sich hauptsächlich mit dem Beten beschäftigte und dadurch einen Ausgleich schaffte. Diese Aufgabe übernahmen die »Kontemplativen Missionarinnen der Nächstenliebe«, die 1970 gegründet wurden: Auch diese Schwestern schlossen sich dem Dienst an den Armen an, aber im Gegensatz zu den aktiven Schwestern verbrachten sie ungleich mehr Zeit mit geistlichen Betrachtungen, eucharistischer Anbetung und Gebeten überhaupt – kontemplativ eben, beschaulich. Aus diesem Grund eigneten sich für diese Gemeinschaft Ordensschwestern gut, die den aktiven Dienst an den Armen nicht mehr leisten konnten. Die erste Oberin des Ordens der Kontemplativen Missionarinnen der Nächstenliebe wurde Schwester Nirmala (Mutter Teresas spätere Nachfolgerin als Generaloberin). 1976 wurde der Orden vom Vatikan bestätigt und eröffnete sein erstes eigenes Haus im New Yorker Stadtteil Bronx. Aussagen zu den Mitgliederzahlen sind wie auch in den anderen Fällen sehr schwierig und basieren auf Informationen vom Orden selbst. 1990 soll es an die 50 kontemplative Schwestern gegeben haben, heute ungefähr doppelt so viele.

Mutter Teresa hätte sich auch eine kontemplative Ergänzung für den Bruderorden gewünscht, doch zu diesem Zeitpunkt zeigte Pater Andrew kein Interesse. Die Ordensgründerin ließ sich dadurch aber nicht von ihrem Plan abbringen und gründete 1978 eine kontemplative Gemeinschaft, die zunächst »Brüder des Wortes«, dann ab 1985 Kontemplative »Brüder der Missionarinnen der Nächstenliebe« hieß. Diese Gemeinschaft war in Rom beheimatet und unterstand zunächst dem Prälaten Sebastian Vazhakala, dem späteren Bruder Sebastian. Kernpunkt der Ausbildung der kontemplativen Brüder war die »Schulung des Herzens«, begleitet vom Erwerb grund-

> »Er [Gott] ist der Chef, und er sagt uns, was wir tun sollen.«
>
> SCHWESTER DOLORES M.C., *NIRMAL HRIDAY*

Schon auf ihrer ersten Auslandsreise im Jahr 1960 hatte Mutter Teresa einen Eindruck von den Schattenseiten der amerikanischen Großstädte bekommen. 1971 eröffneten die Missionarinnen der Nächstenliebe die erste Niederlassung im ärmlichen New Yorker Stadtteil South Bronx.

legender Bibelkenntnisse. Ihre Aufgabe war neben dem aktiven Dienst an den Armen die Konzentration auf Gebete, die sie den Leiden Jesu opferten. Wie die kontemplativen Schwestern sühnten sie die Leiden des Gekreuzigten überwiegend spirituell.

Bereits 1953 hatte Mutter Teresa die »Gemeinschaft der kranken und leidenden Mitarbeiter« ins Leben gerufen. Die Leitung übernahm Jacqueline de Decker, eine Belgierin, die Mutter Teresa in Patna 1948 kennengelernt hatte. De Decker hatte in Madras als Sozialarbeiterin unter den Armen gelebt und wollte sich ursprünglich Mutter Teresas Orden anschließen. Sie musste aber aus gesundheitlichen Gründen zurück nach Belgien und dort aufgrund ihrer langwierigen Erkrankung auch bleiben. Mit Mutter Teresa ergab sich ein lang anhaltender Briefwechsel, und 1952, als die Missionarinnen der Nächstenliebe in Kalkutta ihr neues Haus bezogen, schrieb Mutter Teresa an Jacqueline de Decker: »Die Arbeit hier ist ungeheuer ... Dafür brauche ich ... Leute, die mitarbeiten. Aber genauso dringend brauche ich Seelen wie Sie, die für das Werk beten und leiden – Sie werden mit dem Leibe in Belgien sein, aber mit der Seele in Indien ... Ich brauche viele, die leiden und die uns helfen können, denn ich brauche 1. eine Gemeinschaft der Seligen im Himmel, 2. eine Gemeinschaft der Leidenden auf Erden –

Bruder Andrew – »ein Ungläubiger, der von Gott benutzt wurde«

Der Mann, von dem Mutter Teresa einmal scherzhaft sagte, sie habe ihn von den Jesuiten »gekidnappt«, wurde am 27. August 1928 unter dem bürgerlichen Namen Ian Travers-Ball im australischen Melbourne geboren. Als »Bruder Andrew« stand er dem Ordenszweig der Missionsbrüder der Nächstenliebe von 1966 bis 1986 vor und prägte ihn in dieser Zeit entscheidend.

Ian Travers-Ball, seit 1954 in Indien, befand sich noch in der Ausbildung des Jesuitenordens: Nach seiner Priesterweihe 1963 absolvierte er gerade in Sitagarha das Tertiat, die dritte Prüfungszeit der Jesuiten, bevor er sich mit den sogenannten »Letzten Gelübden« endgültig dem Orden anschließen konnte. Als Travers-Ball 1965 beschloss, sein anstehendes mehrwöchiges Praktikum bei den Missionsbrüdern zu verbringen, war das für Mutter Teresa ein deutliches Zeichen, dass Gott ihr den richtigen Mann geschickt hatte. (Ob es eine Rolle für Mutter Teresa spielte, dass Travers-Ball nur einen Tag nach ihr Geburtstag hatte und dass das offizielle Gründungsdatum der Missionsbrüder der Nächstenliebe genau dem seiner Priesterweihe entsprach, sei dahingestellt.) Nach einer Bedenkzeit nahm Travers-Ball ihr Angebot an und übernahm im Februar 1966 die Führung der Missionsbrüder, damals zwölf junge Männer. Ab 1968 war sein Ordensname »Bruder Andrew«.

Malcolm Muggeridge schrieb über Bruder Andrew, er sei der »perfekte Mitstreiter« für Mutter Teresa gewesen. Tatsächlich teilten beide die Überzeugung, dass sie als Werkzeuge Gottes den Allerärmsten zu dienen hatten. Dennoch gab es viele Differenzen. Mutter Teresa hatte den Bruderorden zwar gegründet, doch ihr Einfluss war später nur noch rein spiritueller Art. Bruder Andrew war ihr nicht zum Gehorsam verpflichtet, und es war absehbar, dass sich die Missionsbrüder in eine eigene Richtung entwickeln würden. Die anfangs häufigen Treffen reduzierten sich auf ein bis zwei im Jahr, und mehrmals stellte Mutter Teresa Bruder Andrew vor vollendete Tatsachen (wie z. B. bei der Gründung des kontemplativen Zweigs des Männerordens).

Bezeichnenderweise erfuhr Mutter Teresa erst im Nachhinein, dass Bruder Andrew den Orden verlassen hatte. Er war aufgefordert worden, sich für diverse Verfehlungen zu rechtfertigen, und gab auch zu, dass er einige Male in den letzten zwölf Jahren betrunken gewesen war und sich »töricht« verhalten hatte. Bruder Andrew ging nach Australien zurück und hielt dort Vorträge und Seminare zum Thema Spiritualität. Am 4. Oktober 2000 starb er in einer der Niederlassungen der Missionarinnen der Nächstenliebe.

Mutter Teresa hatte es in ihrem Leben mit mehreren Päpsten zu tun. Allen gegenüber war sie absolut loyal und gehorsam. Paul VI. (1963–1978 im Amt) unterstellte ihren Orden 1965 direkt dem Vatikan und ermöglichte dadurch dessen weltweite Ausbreitung.

»Solange andere noch diskutieren, ist sie schon mitten in der Arbeit drin ... Ein Bedürfnis sehen und sofort darauf reagieren, das ist bei ihr eines.«

BRUDER MICHAEL

die geistlichen Kinder – und 3. eine kämpferische Gemeinschaft, die Schwestern an der Front.« De Decker – und möglichst viele andere Kranke und Leidende – sollten also geistliche Mitglieder des Ordens werden bzw. eine spirituelle Bindung mit den Schwestern aufnehmen und sie mit ihren Gebeten unterstützen. Mutter Teresa sah ihre Bekannte als »zweites Ich« und wollte, dass auch die anderen Schwestern ein solches besaßen. Denn aus ihrer Sicht konnte ein Zusammenspiel von aktiven und kranken, leidenden Schwestern mit ihrem Dienst an den Armen Jesu »brennenden Durst nach Seelen« noch effektiver stillen. Die Belgierin war von Mutter Teresas Idee angetan und übernahm den Vorsitz dieser Gemeinschaft, die noch 1953 ihre Statuten bekam.

Erwähnung verdienen auch die »Missionaries of Charity Fathers«, ein Zusammenschluss von Priestern, der auf die Initiative von Pater Joseph Langford hin zustande kam. Der amerikanische Priester hatte Malcolm Muggeridges Buch *Mutter Teresa. Ein Leben für die Ausgestoßenen* gelesen und daraufhin mit ihr Kontakt aufgenommen. Sie schickte ihn zunächst nach Kalkutta in das Sterbehaus *Nirmal Hriday*.

Langford aber fühlte sich zu einer Tätigkeit berufen, die über das hinausging, was der Bruderorden der Missionarinnen der Nächstenliebe bot. Er machte Mutter Teresa den Vorschlag, eine Gruppe speziell für Priester zu bilden, die mehr spirituelle Arbeit an den Armen leisten sollten. Diese Gruppe sollte für die Missionarinnen der Nächstenliebe »wertvolle geistliche Arbeit« leisten. Nach einem Treffen 1979, bei dem die beiden vier Tage lang einen ersten Entwurf für die Statuten der neuen Vereinigung entworfen hatten, trug Mutter Teresa den Vorschlag auf einer Synode in Rom vor und fand die Zustimmung des amtierenden Papstes Johannes Paul II. 1984 wurde die Vereinigung an Mutter Teresas Orden angegliedert. Zu diesem Zeitpunkt lebten die Priester bereits in einem Haus im New Yorker Stadtteil Bronx. Die Ausbildung der Missionaries of Charity Fathers orientierte sich an den Kontemplativen Brüdern der Missionarinnen der Nächstenliebe, wobei der Schwerpunkt eher »akademischer« Natur war, denn als Priester durften die Brüder die Sakramente spenden. Gerade dadurch kam es aber auch in Ländern, die eine offene Missionierung nicht zuließen, zu Konflikten: So wurde den Missionaries of Charity Fathers verboten, sich in Indien niederzulassen.

Auch ein weiterer internationaler Zusammenschluss von Priestern, die sich Corpus Christi Movement nannte, entstand auf Initiative von Mutter Teresa. Ihr Leiter, Pater Pascual Cervera, war eng mit ihr und Pater Langford

Mutter Teresa und Papst Johannes Paul II. (1978 bis 2005) schätzten sich gegenseitig. Für die Ordensfrau setzte der Papst die üblichen Regeln für eine Seligsprechung außer Kraft – der Prozess wurde bereits zwei Jahre nach Mutter Teresas Tod in Gang gesetzt.

befreundet. Kurz vor dem Tod der Ordensfrau 1997 wurde die Vereinigung vom Vatikan anerkannt.

Abgesehen von den erwähnten Ordenszweigen gab es noch die Laienhelfer und Freiwilligen, die zahlenmäßig die Ordensmitglieder bei Weitem übertrafen. Ein Teil von ihnen war im »Internationalen Verband der Mitarbeiter von Mutter Teresa« organisiert, der andere Teil bestand aus Menschen, die einfach vor den Häusern des Ordens auftauchten und für Stunden, Tage oder Monate mitarbeiteten. Ohne sie hätte der Orden sich wohl kaum so ausbreiten können, wie es in den Jahren ab 1965 geschah: Denn in diesem Jahr hatte die von Mutter Teresa gegründete Gemeinschaft von Papst Paul VI. (sein Vorgänger, Papst Johannes XXIII., war 1963 gestorben) den Status einer Kongregation des päpstlichen Rechts erhalten. Damit war der Orden nicht mehr von der Diözesanverwaltung in Kalkutta abhängig, sondern dem Papst direkt unterstellt. Für den Orden bedeutete das u. a., dass fortan überall auf der Welt Niederlassungen gegründet werden konnten.

»Gehen Sie dort hin, wohin ich nicht gehen kann.«

PAPST JOHANNES PAUL II. ZU MUTTER TERESA

Der Weg zum Ruhm
MUTTER TERESA ALS MEDIENSTAR

1965 bekam Mutter Teresa die Einladung eines Erzbischofs aus Venezuela, Benítez Fontúrval (1905–1991). Dieser hatte während des Zweiten Vatikanischen Konzils in Rom dem päpstlichen Gesandten in Indien, Erzbischof Knox, seine Sorgen geschildert: Vor allem an abgelegenen Orten herrsche in seinem Land ein eklatanter Mangel an geistlichem Personal, die Katholiken in Venezuela befänden sich in großer Not.

»Was meine Herkunft betrifft, bin ich durch und durch Albanerin. Ich bin indische Staatsbürgerin. Ich bin eine katholische Nonne. Was meine Berufung betrifft, gehöre ich der ganzen Welt. Was mein Herz betrifft, gehöre ich vollkommen dem Herzen Jesu.«

MUTTER TERESA

Erzbischof Knox stellte den Kontakt mit Mutter Teresa her, die vom Ansinnen des Erzbischofs, Schwestern nach Südamerika zu schicken, zunächst alles andere als angetan gewesen sein soll. Prinzipiell wollte sie schon, dass die Missionarinnen der Nächstenliebe auch in anderen Ländern vertreten sein sollten, aber erstens erschien ihr der Zeitpunkt für ihre Gemeinschaft noch zu früh, und zudem konnten die Schwestern kaum ihre Arbeit in Indien bewältigen. Doch der päpstliche Gesandte ließ offensichtlich keinen Zweifel daran, dass die Interessen der Kirche im Vordergrund zu stehen hätten, und so landete im Juli 1965 ein Flugzeug mit Mutter Teresa und einer Gruppe der Missionarinnen der Nächstenliebe in Venezuela. Ein Haus in einem kleinen Ort namens Cocorote wurde eingerichtet, und von dort aus begannen die Schwestern ihre Arbeit, die aus Krankenbesuchen, Schulung der Kinder in Englisch, Religion sowie aus Schreibmaschinen- und Nähkursen für die größeren Mädchen bestand. Für die Krankenbesuche benötigten die Schwestern einen Geländewagen, der vom örtlichen Gouverneur zur Verfügung gestellt wurde und den die Missionarinnen nach einer Weile selbst steuerten.

1968 wurde Mutter Teresa von Papst Paul VI. gebeten, in Rom eine Niederlassung zu gründen, obwohl dort schon eine Vielzahl von katholischen Orden tätig war – allein 1200 Frauenorden. Im August desselben Jahres reiste Mutter Teresa mit einigen ihrer Schwestern nach Rom und suchte dort eine geeignete Bleibe, wo die Schwestern eine Tagesstätte für Kinder eröffnen könnten. Sie selbst konnte nicht lange in Rom bleiben, denn es kamen immer mehr Anfragen an den Orden: Schon im September 1968 war sie erneut unterwegs, diesmal in Richtung Afrika: In Tabora in Tansania entstand ein weiteres neues Haus der Missionarinnen der Nächstenliebe.

Je weiter sich der Orden ausbreitete, desto größer wurde das Interesse der Öffentlichkeit. Bereits 1965 war Mutter Teresa in England gewesen, um dort Ann Blaikie und ihr Mutter-Teresa-Komitee zu unterstützen. 1968 kam

Rund 15 Jahre nach der Gründung des Ordens wurden dessen Mitglieder eingeladen, Niederlassungen im Ausland zu gründen. Mutter Teresa war zunächst skeptisch, der Zeitpunkt schien ihr verfrüht. Dennoch beugte sie sich gehorsam den Anordnungen des Vatikans.

sie erneut auf die Insel, und diesmal hatte Blaikie in London ein Interview mit Malcolm Muggeridge arrangiert, der später von vielen als der journalistische Entdecker Mutter Teresas bezeichnet wurde. Muggeridge war damals ein bekannter Journalist und Autor und als Interviewer auch vom Fernsehen sehr gefragt. Warum gerade er, der für seine Scharfzüngigkeit und Ironie bekannt war, das Interview mit Mutter Teresa führen sollte, weiß man nicht genau. Vielleicht war ausschlaggebend, dass er sich nach seiner Ausbildung drei Jahre lang in Indien aufgehalten hatte.

Das Interview war auf 30 Minuten angesetzt, und Muggeridge hatte Mühe, die vorgesehene Zeit zu füllen, denn Mutter Teresa antwortete nur mit kurzen, knappen Sätzen. Muggeridge fragte sie u. a., ob es denn nicht einer durchorganisierten Regierungsbehörde mit weitreichenden Mitteln bedürfe, um mit der Not in Kalkutta fertig zu werden. Je mehr die Behörden täten, desto besser, antwortete die Ordensfrau, sie und ihre Schwestern hätten etwas anderes zu bieten, nämlich christliche Liebe.

Muggeridge selbst äußerte sich in seinem später erschienenen Buch geradezu euphorisch über seine Gesprächspartnerin: »Für mich war es einer der besonderen Augenblicke, wenn ein bisher unbekanntes Gesicht sich von allen anderen Gesichtern als einmalig anders und einmalig bedeutend ab-

In Cocorote in Venezuela versuchten die Ordensschwestern, die geistliche Betreuung der Katholiken vor Ort zu verbessern. Dazu mussten sie lernen, einen Geländewagen selbst zu steuern.

hebt, um von nun an immer bekannt zu sein. Und so wusste ich, dass die Erinnerung an Mutter Teresa, auch wenn ich sie nie wiedersähe, immer in mir bleiben würde.«

Dennoch versprach man sich nicht viel von diesem Interview, denn weder hatte es interessante Kontroversen gegeben, noch schien Muggeridges Gesprächspartnerin auf dem Bildschirm eine besondere Wirkung zu entfalten. Entsprechend wurde die Ausstrahlung auf den späten Sonntagabend gelegt. Umso überraschter war man beim Sender über die Resonanz: Eine Vielzahl von Briefen aus den unterschiedlichsten Bevölkerungsschichten kam in der Redaktion an, zudem jede Menge Spenden für Mutter Teresas Arbeit in Form von Banknoten oder Schecks. Mutter Teresas Charisma, das Muggeridge wahrgenommen hatte, schien auch zu den Fernsehzuschauern durchgedrungen zu sein, was nicht nur den Journalisten erstaunte: »Es mag auf den ersten Blick überraschend erscheinen, dass eine unbekannte Nonne jugoslawischer Herkunft, vor der Kamera sehr nervös, wie deutlich zu sehen war, und mit ein wenig stockender Stimme, auf englische Zuschauer an einem Sonntagabend wirkte wie kein professioneller christlicher Apologet, Bischof, Erzbischof, Moderator oder lärmender progressiver Demonstrant im geistlichen Gewand. Aber genau das geschah zur Überraschung aller beruflich Betroffenen, mich eingeschlossen.«

Ein Jahr nach dem Interview drehte Muggeridge einen zwar dokumentarisch angelegten, aber eindeutig positiv eingefärbten Film über Mutter Teresa mit dem Titel *Something beautiful for God*. Laut Muggeridge lehnte die Ordensfrau das Ansinnen zunächst ab, stimmte dann aber – nach Zuspruch des britischen Kardinals John Heenan – doch zu: »Wenn dieses Fernsehprogramm den Leuten helfen wird, Gott mehr zu lieben, dann wollen wir es haben.« Zu Muggeridge soll sie gesagt haben: »Nutzen wir also die Gelegenheit, etwas Schönes für Gott zu tun« *(Something beautiful for God)*. Fünf Tage standen dem Team um Muggeridge in Kalkutta zur Verfügung, und Mutter Teresa hatte es zur Voraussetzung gemacht, dass die Missionsschwestern und ihre Arbeit im Mittelpunkt stehen sollten.

Erneut schien Mutter Teresa den Journalisten in ihren Bann zu ziehen, und die Filmarbeiten verliefen ungewöhnlich glatt und problemlos, sodass die zur Verfügung stehende Zeit tatsächlich ausreichte. Aus Muggeridges Sicht ereignete sich sogar ein Wunder: Beim Filmen in *Nirmal Hriday*, dem Sterbehaus der Missionarinnen in Kalkutta, äußerte der professionelle Kameramann Ken Macmillan große Bedenken hinsichtlich des Lichts. Muggeridge schrieb in seinem Buch: »Dieses Heim für Sterbende ist durch kleine Fenster hoch oben in den Wänden nur schwach erleuchtet, und Ken war der festen Überzeugung, dass Filmen darin ganz unmöglich sei. Wir hatten nur ein kleines Licht bei uns und konnten den Ort in der uns zur Verfügung stehenden Zeit nicht hinreichend ausleuchten.«

Dennoch drehte das Team, und nach dem Entwickeln zeigte sich ein außergewöhnlich schönes Licht im Sterbehaus. Muggeridge suchte nicht wirklich nach einer sachlichen Erklärung, denn die hatte er schon gefunden: »Mutter Teresas Heim für Sterbende fließt über vor Liebe, wie man unmittelbar nach dem Betreten spürt. Diese Liebe leuchtet wie die Heiligenscheine, die Künstler rund um die Köpfe von Heiligen gesehen und sichtbar gemacht haben. Ich finde es nicht überraschend, dass dieses Leuchten auf einem fotografischen Film erscheint.« Einen wesentlich tieferen Eindruck beim Publikum aber hinterließen die im Film gezeigten Szenen aus dem Sterbehaus *Nirmal Hriday* und vor allem aus dem Kinderhaus *Shishu Bavan*. Wer die Bilder sah, wie die hagere Ordensfrau einen winzigen Säugling liebevoll in den Armen hielt, musste gerührt sein.

Knapp zwei Jahre später erschien Malcolm Muggeridges Buch gleichen Titels: *Something beautiful for God* (auf Deutsch: *Mutter Teresa. Missionarin der Nächstenliebe)*. Das Buch, das als erste autorisierte Biografie über die Ordensfrau gilt, erschien in 20 Auflagen mit über 300 000 Exemplaren und wurde in 13 Sprachen übersetzt. Zweifelsohne trug es zu Mutter Teresas Popularität bei. Der Kontakt zwischen der Ordensfrau und dem Journalisten hielt an, und Muggeridge betrieb in den nächsten Jahrzehnten eine höchst

> »Als wir den endgültigen Film sahen, wollte ich schon zum Jubel auf Kodak anheben, aber Muggeridge hielt mich davon ab ... Am gleichen Tag bekomme ich dann all diese Anrufe wegen des ›Wunders‹ in Kalkutta.«
>
> KAMERAMANN KEN MACMILLIAN 1994 RÜCKBLICKEND ÜBER DAS MYSTERIÖSE LICHT IM STERBEHAUS *NIRMAL HRIDAY*

»Ihre Produktivität war unbegreiflich, und zwar bei einer Reisetätigkeit, die sie etwa alle drei Tage an einen anderen Ort führte, 30 Jahre lang.«

Pater Leo Maasburg (Mutter Teresas langjähriger Reisebegleiter und Beichtvater)

effektive Öffentlichkeitsarbeit für Mutter Teresa, z. B. spielte der Journalist bei ihrer Nominierung für den Friedensnobelpreis eine maßgebliche Rolle.

Muggeridge, der als Agnostiker galt, handelte sich durch seine Schriften über Mutter Teresa sogar den Spitznamen »St. Mugg« ein, und 1982, in seinem 80. Lebensjahr, konvertierte er mit seiner Ehefrau zum Katholizismus. Wie er selbst sagte, war daran seine lange Freundschaft mit Mutter Teresa maßgeblich beteiligt: »Sie hat mir eine ganz neue Sichtweise davon gegeben, was Christ-Sein bedeutet, von der erstaunlichen Macht der Liebe und wie sie in einer hingebungsvollen Seele aufblühen kann, um die ganze Welt zu bedecken.« Wäre Mutter Teresa auch ohne Malcolm Muggeridge so bekannt geworden?

Mutter Teresa selbst schrieb weder dem Film noch dem Buch des britischen Journalisten große Bedeutung zu. Zu sehr hatte sie nicht nur mit den vielen Anforderungen zu kämpfen, die die weltweite Ausdehnung des Ordens für sie bedeutete, sondern auch mit ihrem inneren Gleichgewicht. »Beten Sie für mich – dass ich auch tapfer bin«, schrieb sie aus Venezuela am 28. Juli 1965 zweideutig an den päpstlichen Gesandten, Erzbischof Knox. Mutter Teresa hatte ihm ihre innere »Dunkelheit« offenbart und suchte seinen Rat, denn als Internuntius (päpstlicher Gesandter) war Knox der offizielle Repräsentant des Kirchenoberhaupts, und damit waren seine Ansichten für die Nonne noch wichtiger als die ihrer Beichtväter.

Doch auch mit diesen – Pater Picachy (ab Mai 1969 Erzbischof) und Pater Neuner – tauschte sie sich nach wie vor aus, wenn auch immer seltener. Meist war dieser Kontakt schriftlicher Natur, denn Mutter Teresa war viel auf Reisen. Sie bedauerte es, ihre geistlichen Führer nicht mehr so oft persönlich treffen zu können: »Ich wünschte, ich könnte nur für einige Stunden kommen«, schrieb sie an Pater Picachy im Februar 1967, »doch der Herr hat Seine eigenen Pläne & ich muss Seinen Willen akzeptieren – wie Sie sagten.« Und wenn es einmal zu einem persönlichen Treffen kam, konnte es sein, dass es ihr an Worten fehlte. Dann entschuldigte sie sich und erklärte, dass sie wegen ihrer »inneren Leere« nicht sprechen konnte. Zwar jagte ihr diese Leere inzwischen nicht mehr so eine große Angst ein wie früher, doch fürchtete sie, sie könnte sie mit etwas anderem füllen als mit Gott selbst. Es zeigte sich, dass die innere Dunkelheit weiterhin ihr ständiger Begleiter war, dass sich aber dennoch etwas Entscheidendes verändert hatte. »Ich spürte, dass sie ihren Weg gefunden hatte und nicht mehr länger auf meine Unterstützung angewiesen war. Daher nahm unser Briefwechsel ein Ende ...«, berichtete Pater Neuner aus der Zeit Anfang der 70er-Jahre.

Die Armut in vielen afrikanischen Staaten bot ein weites Betätigungsfeld: 1968 gründeten die Missionarinnen der Nächstenliebe ihre erste Niederlassung in Tansania.

Ein anderer Vertrauter berichtete später Ähnliches von Mutter Teresa: Der Jesuitenpater Michael van der Peet hatte Mutter Teresa 1975 an einer Bushaltestelle in Rom kennengelernt. Zu diesem Zeitpunkt war sie schon so bekannt, dass sich die Leute nach ihr umdrehten. Pater van der Peet sagte, sie »strahlte Frieden und Freude aus, auch als sie mir die Dunkelheit aus ihrem geistlichen Leben mitteilte. Oftmals war ich erstaunt darüber, dass jemand, der so sehr im Angesicht leidender Menschen lebte und auch noch selbst durch eine dunkle Nacht schritt, immer noch lächeln und Menschen glücklich machen konnte ...« Mutter Teresa sei »ein Mensch, von dem Gott im Paradies träumte«, und gleichzeitig bezeichnete er sie als einen der »bodenständigsten Menschen, denen ich jemals begegnet bin«.

Diese verblüffende Diskrepanz in Mutter Teresas Wesen – wenn es denn eine war – erkannten auch Menschen, die ihr nicht so nahe standen: So vergeistigt die Nonne auf der einen Seite war, so praktisch veranlagt war sie auf der anderen. Sie war es gewohnt, mit anzupacken – allerdings nicht, ohne sich vorher mit einem Gebet den nötigen Beistand geholt zu haben. Eileen Egan erzählt in ihrem Buch *Such a Vision of the Street* von einer waghalsigen Aktion Mutter Teresas in Beirut im Jahr 1982, als es um die Rettung von Kindern ging. Ein dort anwesender Mitarbeiter des Roten Kreuzes soll gesagt haben: »Ich war von ihrer Energie verblüfft. Sie erkannte ein Problem, fiel auf die Knie und betete ein paar Sekunden lang, und dann ratterte sie eine Liste von Dingen herunter, die sie brauchen würde ... wir hatten nicht erwartet, dass eine Heilige so effizient sein konnte.«

Mutter Teresas Einsatz im Kriegsgebiet (hier Beirut im Jahr 1982) wurde gefilmt und auf der UNO-Hauptversammlung 1986 einem beeindruckten Publikum vorgeführt.

Das konnten auch ihre Missionsschwestern nur bestätigen. Auf der einen Seite bewunderten sie die Intensität, die Mutter Teresa beim Gebet und bei der Andacht entwickelte. »Die Menschen waren fasziniert davon, einfach zu beobachten, wie Mutter betete«, berichtete eine Mitschwester. »Sie saßen da und schauten zu, wie sie in dieses Mysterium regelrecht hineingezogen wurde.« Auf der anderen Seite konnte die Ordensfrau auch äußerst ungeduldig werden, wenn eine Sache nicht so verlief, wie sie es sich vorstellte. »Was Mutter will, bekommt sie«, lautete ein Spruch aus ihrer nächsten Umgebung.

Auch ihre viel beschriebene Spontaneität war für ihre nähere Umgebung wohl nicht immer leicht zu verkraften. Mutter Teresa wollte nicht groß planen, sondern unmittelbar handeln und sich auf die »göttliche Vorsehung« verlassen. Kathryn Spink beschrieb in ihrem Buch eine dieser Gelegenheiten, bei denen Mutter Teresa einer jungen Schwester im Mutterhaus in Kalkutta ihre Versetzung ankündigte. Als diese vorsichtig anfragte, für wann die Abreise geplant sei, sagte ihre Oberin: noch am selben Abend. (Die Missionarinnen der Nächstenliebe wurden regelmäßig an verschiedene Orte versetzt, damit sie sich nicht zu sehr an eine Örtlichkeit bzw. Personen binden.) Aus Mutter Teresas Sicht war das kein Problem, denn die Schwestern und sie dienten ausschließlich als Werkzeuge in der Hand Gottes, und die eigenen menschlichen Bedürfnisse, Annehmlichkeiten oder Wünsche spielten nur eine untergeordnete Rolle. Nicht, dass sie keine eigenen Wünsche verspürte: »Ich sehne mich danach, wieder in Indien zu sein«, schrieb sie im Mai 1976 aus Rom an Pater van Peet, »doch ich weiß, dass Er mich jetzt hier

MALCOLM MUGGERIDGE

Der britische Journalist Macolm Muggeridge wurde am 24. März 1903 bei London geboren. Nach seinem Studium in Cambridge arbeitete er als Lehrer in Britsch-Indien und Ägypten. Bei einem Moskauaufenthalt 1932 als Korrespondent des *Manchester Guardian* bereiste er unerlaubt die Ukraine und den nördlichen Kaukasus und berichtete von der dortigen, politisch begründeten Hungersnot, die mehrere Millionen Menschen das Leben kostete. 1943 veröffentlichte Muggeridge seinen ersten Roman *Winter in Moscow*.

Während des Zweiten Weltkriegs war Muggeridge für eine Spezialeinheit des britischen Nachrichtendienstes (SOE = *Special Operations Executive*) in Belgien und Frankreich tätig. Nach Kriegsende nahm er seine journalistische Tätigkeit wieder auf und schrieb für verschiedene Zeitschriften in Großbritannien und den USA. 1953 war Muggeridge vier Jahre lang Herausgeber des satirischen Magazins *Punch* und zeichnete sich durch seine teilweise ätzende Kritik an Winston Churchill und am Treiben des britischen Königshauses aus, das er als »königliche Seifenoper« bezeichnete. In den 1960er-Jahren wurde er durch seine pointierten und oft ironischen Interviews und Dokumentationen in Radio und Fernsehen bekannt.

Muggeridge hatte sich bereits mit religiösen Themen beschäftigt und einige Bücher dazu veröffentlicht, bevor er 1968 Mutter Teresa kennenlernte. Dem Christentum und der Institution Kirche stand er mehr als kritisch gegenüber, weshalb ihn viele seiner Zeitgenossen als Agnostiker einstuften. 1958 schrieb er in sein Tagebuch, das Christentum sei für ihn wie eine hoffnungslose Liebesgeschichte, voller Sehnsucht, aber unerreichbar. Seine Entscheidung, im hohen Alter von knapp 80 Jahren zum Katholizismus zu konvertieren, wurde maßgeblich durch seine Begegnung mit Mutter Teresa beeinflusst – und von dieser hocherfreut zur Kenntnis genommen. Muggeridge kommentierte diesen Schritt so: Er habe »den Sinn, die Fäden eines verlorenen Lebens zusammenzubinden, den Sinn einer Antwort auf ein lang andauerndes Glockengeläut, den Sinn, den Platz an einem Tisch einzunehmen, der lange Zeit leer geblieben war«. Malcolm Muggeridge starb am 14. November 1990 in Sussex.

**Malcolm Muggeridge
(1903–1990)**

Er lernte Mutter Teresa 1975 an einer Bushaltestelle in Rom kennen und wurde einer ihrer Vertrauten: der Jesuitenpater Michael van der Peet. Aus ihren Briefen erfuhr er von der inneren Leere der Ordensfrau, die sie auch in ihrer zweiten Lebenshälfte nicht verließ.

haben will – & so nehme ich das mit einem großen Lächeln an.« Dieser Fatalismus ist nur verständlich, wenn man Mutter Teresas Formel »Leiden = Gott nahe sein« berücksichtigt.

1975 feierten die Missionarinnen der Nächstenliebe ihr 25-jähriges Bestehen. Zu diesem Zeitpunkt sollen weltweit über 1000 Schwestern in 85 Niederlassungen, die sich auf 15 Länder verteilten, gearbeitet haben. Zu diesen Ländern gehörten nicht nur Entwicklungsländer, sondern auch z. B. die Vereinigten Staaten von Amerika, was im ersten Moment seltsam anmutet: Das erklärte Ziel des Ordens war es ja, den Ärmsten unter den Armen zu dienen. Doch damit war nicht nur eine materielle Armut gemeint. Waren nach Mutter Teresas Ansicht denn nicht die Menschen am schlimmsten dran, die von der Gesellschaft ausgestoßen wurden, denen niemand mehr die Hand zu geben bereit war?

1960 hatte Mutter Teresa bei ihrem ersten Besuch in den USA einen kurzen Eindruck des heruntergekommenen New Yorker Stadtteils Bronx bekommen. 1970 empörte sie sich in London darüber, dass die »Leute hier mir ihre Sachen nach Indien schicken, wenn eine Frau in London derart erbärmlich leben muss« – eine Obdachlose war am Morgen erfroren aufgefunden worden. Die Nonne beklagte des Öfteren die geistige Armut der Industrieländer: »Hier haben sie den Wohlfahrtsstaat. Niemand braucht zu verhungern. Aber es gibt eine andere Art von Armut. Die Armut des Geistes, der Einsamkeit und des Verstoßenseins.« Aus ihrer Sicht war klar, woher diese Art von Armut in den reichen Ländern der Welt stammte: Sie formulierte es kurz und knapp: »Weil Sie und ich nicht genug teilen.«

Ihre Erkenntnisse führten aber nicht dazu, weitere Ursachenforschung zu betreiben oder zu urteilen. Tatsächlich machte sie sich keine großen Gedanken über die Hintergründe oder politischen Rahmenbedingungen: Sie war stets an praktischen Lösungen interessiert, und zwar möglichst schnell und unmittelbar. Vereinfacht gesagt: Lieber helfe ich einem Menschen jetzt gleich, als dass ich erst lange darüber nachdenke, wie ich 20 anderen *vielleicht* helfen könnte. Diese Einstellung wurde oft kritisiert, ebenso wie die ineffiziente Wirkungsweise der Missionarinnen der Nächstenliebe überhaupt. Aber Mutter Teresa wäre nicht sie selbst gewesen, wenn sie sich von ihrem Kurs hätte abbringen lassen. Darauf angesprochen, war eine ihrer Standardantworten: »Jesus wäre für *einen* Menschen gestorben, für *einen* Sünder.« Diese Einstellung war und ist für viele Menschen kaum nachvollziehbar, für Mutter Teresa aber war es die einzig wahre. Mitgefühl war weit wichtiger als Effizienz: »Ich zähle nicht zusammen. Ich ziehe nur ab von der Gesamtzahl der Armen und Sterbenden.« Jeder von den Schwestern versorgte Mensch war einer weniger von denen, die allein leiden mussten. Und ob es sich dabei um einen halb verhungerten Hindu auf den Straßen Kalkuttas oder einen ausgemergelten Drogensüchtigen in New York handelte, war Mutter Teresa egal.

Als der amerikanische Erzbischof von New York, Kardinal Terence Cooke (1921–1983), Mutter Teresa 1971 einlud, in seiner Stadt eine Niederlassung ihres Ordens zu gründen, soll sie sofort angenommen haben. Als Standort stellte sich der Erzbischof die South Bronx vor, wo vor allem Menschen lateinamerikanischer Abstammung lebten; dies deckte sich vollkommen mit den Wünschen der Ordensfrau: je mehr Bedürftige, umso besser. Sie schickte fünf Schwestern nach New York, die dort ein neues Ordenshaus eröffneten – und sich bemühten, möglichst schnell ein paar Brocken Spanisch zu lernen, damit sie mit den Menschen kommunizieren konnten.

Bei ihrem nächsten USA-Aufenthalt im Oktober 1971 besuchte Mutter Teresa die Schwestern und sah nach dem Rechten. Der eigentliche Anlass für ihre Reise war aber die Entgegennahme einer weiteren Auszeichnung, in diesem Fall von der Joseph-P.-Kennedy-Jr.-Stiftung. Der mit 12 000 US-Dollar dotierte Preis für ihre humanitäre Arbeit wurde ihr von einem Mitglied der Kennedy-Familie überreicht. Im Rahmen der Preisverleihung wurde auch ein Ausschnitt aus Muggeridges Film über Mutter Teresa gezeigt. Wenig später gaben der sich gerade in den USA aufhaltende Malcolm Muggeridge und die Ordensfrau gemeinsam ein Interview, in denen es um den Film und um das gleichnamige Buch ging – einmal mehr leistete Malcolm Muggeridge Öffentlichkeitsarbeit für Mutter Teresa.

Mutter Teresa erhielt im Laufe ihres Lebens zahlreiche Preise und Auszeichnungen für ihr Werk. Der Reigen begann 1962 mit zwei regional bedeutenden Preisen, dem bereits erwähnten *Ramon Magsaysay Award* und dem *Padma Shri* (Lotus-Orden), der indischen Staatsbürgern für herausragende Leistungen verliehen wurde. Im Westen mehr Beachtung fand die erste Verleihung des »Friedenspreises Papst Johannes' XXIII.« durch den Vatikan im Jahr 1971. Vor laufender Kamera überreichte der amtierende Papst Paul VI. den mit 25 000 US-Dollar dotierten Preis an Mutter Teresa. Im selben Jahr erhielt sie die bereits erwähnte Auszeichnung durch die Kennedy-Stiftung, deren Thema das Wohlergehen von geistig behinderten Kindern und deren Familien war und die damit die Fürsorge anerkannten, die der Orden Kindern zukommen ließ. 1972 folgte der Jawaharlal-Nehru-Preis für Inter-

Sir John Marks Templeton (1912–2008), schwerreicher britischer Finanzier, gründete die nach ihm benannte Stiftung, die seit 1973 den Templeton-Preis vergibt.

»… und jeder, der Sie sieht oder mit Ihnen spricht, wird bis zu einem gewissen Grad spüren, was er spürt.«

MALCOLM MUGGERIDGE

»Ich denke nie an die große Menschenmenge, sondern an den Einzelnen. Wenn man an die Masse denkt, würde man gar nicht erst anfangen können. Für mich ist der Einzelne wichtig. Ich glaube an die Begegnung Mensch zu Mensch.«

MUTTER TERESA

nationale Verständigung. In der Begründung hieß es, dass Mutter Teresa zu Recht weltweit eine der »eindrucksvollsten Manifestationen der Nächstenliebe« genannt würde.

Es folgte 1973 der Templeton-Preis, schon damals einer der höchst dotierten Preise für Einzelpersonen, gestiftet ein Jahr zuvor vom wohlhabenden Finanzinvestor Sir John Templeton. Der bis 2001 »Templeton Prize for Progress in Religion« genannte Preis wurde (und wird) Personen verliehen, die einen »außergewöhnlichen Beitrag zur Bejahung der spirituellen Dimension des Lebens« geleistet haben, »sei es durch Einsicht, Entdeckungen oder praktische Arbeit«.

Teilweise waren die Auszeichnungen mit einer Einladung verbunden, im entsprechenden Land eine Niederlassung zu gründen. So z. B. 1975, als der Premierminister der Republik Jemen Mutter Teresa den Ehrendolch der Republik verlieh. Gleichzeitig sicherte er ihr und ihren Missionarinnen seinen persönlichen Schutz zu. Eine ungewöhnliche Auszeichnung war die Ceres-Medaille der Abteilung »Food and Agriculture Organization« der UNO, die 1975 herausgebracht wurde und die Mutter Teresa in der Gestalt der römischen Göttin des Ackerbaus zeigte. Diese Auszeichnung hatte sie sich, so die Begründung, für ihre »beispielhafte Liebe und Sorge für die Hungrigen und die Ärmsten der Armen« verdient. Im gleichen Jahr erhielt Mutter Teresa noch die Ehrennadel des US-amerikanischen Senders »Voice of America«, den schweizerischen »Albert-Schweitzer-Preis« (gemeinsam mit dem Arzt Theodor Binder) und den Ehrendoktortitel im Rechtswesen einer kanadischen Universität. 1976 verlieh ihr Indira Gandhi (in ihrer Funktion als Kanzlerin) die Ehrendoktorwürde der Visva-Bharati-Universität der westbengalischen Stadt Santiniketan. Hier erhielt Mutter Teresa als Auszeichnung die begehrte »Deshikottama«-Schärpe im Bereich Literatur für ihre Verdienste am notleidenden Volk. Weitere Ehrendoktortitel folgten bald, z. B. 1976 vom College Iona New Rochelle in den USA und 1977 von der Theologischen Fakultät der britischen University of Cambridge. Ebenfalls 1977 wurde Mutter Teresa gemeinsam mit dem Astronauten Neil Armstrong zum »Ritter der Menschlichkeit« gekürt (Cavalieri-dell'Umanitá-Preis).

All diese Ehrungen waren zunächst mit Reisen verbunden, und Mutter Teresa soll einmal bei der indischen Fluggesellschaft nachgefragt haben, ob sie dort als Stewardess arbeiten könne, um ohne Bezahlung fliegen zu können. Die Antwort war ein Freiflugticket, zunächst nur für die indischen Linien, später weltweit. In ihren Ansprachen und Dankesworten wurde Mutter Teresa immer sicherer, was vielleicht daran lag, dass sie den Zuhörern – welchen Standes auch immer – im Großen und Ganzen immer das Gleiche erzählte. Aus ihrer Sicht waren alle Menschen gleich (nämlich Kinder Gottes) und wurden gleich behandelt. Zudem kam das, was sie sagte, von Herzen und bedurfte keiner großen Rhetorik. Zunächst betonte sie stets, dass sie die Ehrungen und die damit verbundenen Preisgelder nur stellvertretend für die Armen annehme. Die Preise waren nicht für sie, sondern für diejenigen in der Welt, die das Geld dringend benötigten. »Ich weiß nicht, warum Universitäten und Colleges mir Titel verleihen«, sagte sie. »Ich weiß nie, ob ich annehmen soll oder nicht; es bedeutet mir nichts. Aber es gibt mir die Gelegenheit, Menschen von Christus zu erzählen, die sonst nichts von ihm hören würden.«

Die meisten Biografen sind sich darüber einig, dass Mutter Teresa ihre Ansprachen nicht besonders vorbereitete, sondern sich vorher jeweils zu einem Gebet zurückzog. Die Botschaft, die sie aus Überzeugung an die Zuhörer weitergeben wollte, bedurfte wahrscheinlich tatsächlich keiner Notizen. Natürlich wurde aus ihren Reden eifrig zitiert und so der Inhalt auch aus den Vortragssälen hinaus weitergetragen. Oft waren in ihren Reden kleine Geschichten enthalten, wie etwa die folgende, die sie u. a. nach Entgegennahme des Templeton-Preises erzählte:

»Irgendwo in Melbourne besuchte ich einen alten Mann, von dem niemand wusste, dass es ihn gab, und ich fand sein Zimmer in einem schrecklichen Zustand, und ich wollte sein Haus, sein Zimmer sauber machen. Aber er sagte die ganze Zeit: ›Mir geht es gut.‹ Ich entgegnete nichts, und schließlich erlaubte er es mir. In diesem Zimmer gab es eine wunderschöne Lampe, die mit dem Staub von Jahren bedeckt war. Ich fragte ihn: ›Warum machen Sie die Lampe nicht an?‹ – ›Für wen?‹, fragte er. ›Niemand kommt zu mir; ich brauche keine Lampe.‹ Und ich fragte ihn: ›Werden Sie die Lampe anmachen, wenn die Schwestern Sie besuchen?‹ Er sagte: ›Ja, wenn ich eine menschliche Stimme höre, werde ich es tun.‹ Und eines Tages ließ er mir eine Nachricht zukommen: ›Sagen Sie meiner Freundin, dass das Licht, das sie in meinem Leben angezündet hat, immer noch brennt.‹ Das sind die Leute, die wir suchen müssen. Das ist Jesus gestern und heute und morgen, und Sie und ich müssen wissen, wer sie sind.«

Diese Geschichte ging um die Welt, ebenso wie viele andere, und die Flut an Preisen nahm kein Ende: 1978 wurde Mutter Teresa der hoch angesehene (und hoch dotierte) Balzan-Preis für »Humanität, Frieden und Brüderlichkeit unter den Völkern« verliehen. Der krönende Höhepunkt aber war der Friedensnobelpreis, den Mutter Teresa 1979 erhielt.

Für ihre außerordentlichen Leistungen – Neil Armstrong auf dem Mond, Mutter Teresa auf der Erde – wurden sowohl der Astronaut als auch die Ordensfrau 1977 zu »Rittern der Menschlichkeit« ernannt.

»Lassen Sie uns also gemeinsam beten«
DER FRIEDENSNOBELPREIS

Mutter Teresa war 1979 nicht zum ersten Mal für den Friedensnobelpreis nominiert. Als Malcom Muggeridge 1971 sein Buch über die Ordensfrau veröffentlichte, prophezeite er ihr, sie werde einmal diese Auszeichnung für ihr Werk erhalten. Muggeridge, der so tief beeindruckt war von ihr, ging umgehend daran, diese Vorhersage selbst in die Tat umzusetzen, und suchte Mitstreiter für eine Nominierung. Als international anerkanntem Journalisten und Autor fiel ihm das nicht schwer, zudem hatte er durch seine Mitgliedschaft beim »Kongress für kulturelle Freiheit« (»Congress for Cultural Freedom«, kurz CCF), weitreichende Kontakte.

> »Ich kann Ihnen wohl von meinem Weg erzählen, aber ich bin nur ein kleines Kabel – Gott ist der Strom.«
>
> MUTTER TERESA

Der CCF war 1950 mit dem Ziel gegründet worden, europäische Intellektuelle und Künstler vor dem Hintergrund des Kalten Krieges für die westlichen Ideologien zu begeistern und gegen den Kommunismus zu beeinflussen. Nach außen hin wurde der Kampf gegen den Totalitarismus propagiert. Die Organisation hatte ihren Sitz in Paris und wurde von den USA finanziert. Ende der 1960er-Jahre wurde bekannt, dass der CCF komplett vom amerikanischen Geheimdienst CIA kontrolliert wurde. Die offizielle Auflösung erfolgte 1969. Muggeridge war aktives Mitglied im CCF und befand sich dort in illustrer Gesellschaft.

Man weiß um den großen Einsatz Muggeridges bei den Nominierungen Mutter Teresas für den Friedensnobelpreis, weil er es war, der die Fragen des Komitees aus Oslo beantwortete, z. B. danach, was die Ordensfrau denn für den Weltfrieden geleistet habe. Muggeridge: »Ich versuchte zu erklären, dass sie, indem sie ihr Leben ganz und gar Christus widmete, indem sie in jeder leidenden Seele ihren Erlöser sah und sie dementsprechend behandelte, indem sie zusammen mit ihren Missionarinnen eine Art Liebesgenerator in der Welt war, eine Gegenkraft zu dem Machtwahn, der Habgier und den egoistischen Unternehmungen darstellte, aus denen individuelle und kollektive Gewalt in allen ihren Formen entstand.«

1971 war das Komitee der Nobelstiftung noch nicht bereit, sich Muggeridges Begründung anzuschließen. Daran änderte auch die prominente Unterstützung wie z. B. durch den ehemaligen kanadischen Premierminister Lester Pearson (selbst Nobelpreisträger) und Lady Jackson von der Päpstlichen Kommission für Gerechtigkeit und Frieden nichts.

Seine Amtszeit als Papst Benedikt XVI. hat sie nicht mehr erlebt: Mutter Teresa und Joseph Ratzinger auf dem Katholikentag in Freiburg 1978. Ein Jahr zuvor war Ratzinger zum Kardinal ernannt worden.

Auch 1975 (im »Jahr der Frau«) war die Ordensfrau nominiert, diesmal gehörten neben Muggeridge u.a. der amerikanische Senator Edward Kennedy und der Vorsitzende der Weltbank, Robert McNamara, zur Pro-Mutter-Teresa-Lobby. Erneut entschied sich das Nobelkomitee für jemand anderen.

1979 schließlich, im dritten Anlauf, sollte es so weit sein. Natürlich wussten die Missionarinnen, wie viel Geld mit diesem Preis verbunden war (ca. zehn Millionen Kronen, das entspricht heute ca. 1,23 Millionen Euro), und laut Spink hatten sie schon ausgerechnet, dass sie damit an die 200 Leprastationen hätten einrichten können. Die Oberin des Ordens soll die ganze Angelegenheit gelassen gesehen haben: »Es [das Geld] wird erst dann kommen, wenn Jesus die Zeit für gekommen hält.« Als bekannt wurde, dass der Preis diesmal tatsächlich an Mutter Teresa gehen sollte, stand im Mutterhaus der Missionarinnen in Kalkutta ein großes Aufgebot an Journalisten vor der Tür. »Ich bin nicht würdig. Aber ich danke Gott für dieses gesegnete Geschenk an die Armen«, sagte sie in die Kameras.

Alfred Nobel (1833–1896) hatte festgelegt, dass derjenige mit dem von ihm gestifteten Friedenspreis ausgezeichnet werden sollte, der »am meisten oder am besten auf die Verbrüderung der Völker und die Abschaffung oder Verminderung stehender Heere sowie das Abhalten oder die Förderung von Friedenskongressen hingewirkt« hat. Geehrt werden sollte die Person, die »im vergangenen Jahr der Menschheit den größten Nutzen erbracht« hat. Als diese Person hatte das fünfköpfige Komitee, dessen Mitglieder vom norwegischen Parlament bestimmt werden, diesmal also Mutter Teresa ausge-

Der amerikanische Senator Edward Kennedy setzte sich 1975 für Mutter Teresa als Friedensnobelpreisträgerin ein.

sucht. Professor John Sanness sagte bei der Verleihung: »Mutter Teresa arbeitet in einer Welt, die sie annimmt, wie sie sie vorfindet, in den Slums von Kalkutta und anderen Städten und Großstädten. Aber sie macht keinen Unterschied zwischen armen und reichen Menschen, zwischen armen und reichen Ländern. Politik war niemals ihre Sache.«

Mit dem letzten Satz hatte er insofern recht, als sich Mutter Teresa oft genug darüber äußerte, dass sie mit Politik nichts zu schaffen habe und dies auch nicht wollte. »Wenn man für den Frieden arbeitet, verringert dieser Frieden den Krieg. Ich will mich nicht in die Politik einmischen. Krieg ist das Ergebnis von Politik, und deswegen mische ich mich da nicht ein, das ist alles. Wenn ich bei der Politik lande, werde ich aufhören zu lieben. Weil ich mich dann für eine Seite entscheiden muss, nicht mehr für alle da sein kann. Das ist der Unterschied.« Selbstverständlich sprach sie viel von Frieden, denn schließlich war die Botschaft Gottes »Friede auf Erden allen Menschen guten Willens«. Sie selbst sah ihr gesamtes Werk als ein »Werk des Friedens«. Ihre Schwestern sollten überall auf der Welt den Frieden Gottes ausstrahlen, denn »Friede beginnt mit einem Lächeln«.

Mutter Teresa fiel bei der Verleihung am 10. Dezember als Preisträgerin schon rein äußerlich aus dem Rahmen. Seit der Gründung ihres Ordens trug sie ausschließlich die Tracht in Form des weißen Saris mit blauer Borte, dazu in Oslo eine grobe Wollstrickjacke und – ungeachtet der winterlichen Kälte – Sandalen. Die wollenen Socken waren schon ein Zugeständnis an die Nonnen von St. Joseph, bei denen sie und ihre Begleiterinnen in Oslo wohnten. Mutter Teresa wurde von zwei ihrer Schwestern aus den Anfangsjahren begleitet, denn das Komitee hatte drei Flugtickets geschickt. Aber nicht nur äußerlich unterschied sich die Ordensfrau von anderen Preisträgern: Sie hatte sich gewünscht, das üblicherweise stattfindende Festbankett zu streichen und stattdessen das Geld für die Armen zu spenden. Tatsächlich wurde dieser Betrag dem Preisgeld hinzugefügt, dazu kam noch eine größere Spendensumme. Sie erklärte jedem: »Ich selbst verdiene den Preis nicht. Ich möchte ihn nicht. Doch die Verleihung des Preises zeigt, dass die Menschen in Norwegen die Existenz der Armen anerkennen. Ich bin in ihrem Namen gekommen.« Im Gegensatz zu früher ist es heute durchaus üblich, das Preisgeld für gemeinnützige Zwecke auszugeben, so verteilte der US-amerikanische Präsident Barack Obama, der 2009 mit dem Friedensnobelpreis ausgezeichnet wurde, den Betrag auf zehn verschiedene Hilfseinrichtungen.

Die Presse, die Mutter Teresa in Oslo auf Schritt und Tritt begleitete, bezeichnete sie später als »Star ohne Perücke, ohne Make-up, ohne künstliche

Wimpern, ohne Nerz und ohne Diamanten, ohne theatralische Gesten und ohne Ticks«. Das kam bei den Norwegern und dem Publikum bei der Preisverleihung gut an, wobei alle, die sie kannten, nichts anderes erwartet hatten. Unter den Zuhörern ihrer Dankesrede waren Jacqueline de Decker, das »zweite Ich« Mutter Teresas, Anne Blaikie, die den Verband der Mitarbeiter führte, und Mutter Teresas Bruder Lazar – die Mutter und die Schwester der Ordensfrau waren zu diesem Zeitpunkt bereits gestorben.

Ihre Rede hielt sie wie immer ohne Notizen, und als Erstes forderte sie die Anwesenden auf, mit ihr das Gebet des heiligen Franz von Assisi zu beten, denn »als der heilige Franziskus dieses Gebet verfasste, hatte [man] dieselben Probleme wie wir, die wir heute dieses Gebet sprechen«. Diejenigen unter den Zuhörern, die sich bereits mit Mutter Teresa beschäftigt hatten, die vielleicht Malcolm Muggeridges Biografie über sie gelesen hatten oder die sie sogar persönlich kannten, hatten die vielen kleinen Geschichten aus den Anfangsjahren des Ordens, aus den Slums von Kalkutta und über Jesus und die Missionarinnen der Nächstenliebe vielleicht schon gehört. Für viele aber waren diese neu und mit großer Sicherheit sehr beeindruckend. Dass es Mutter Teresa dabei mit den Zahlen manchmal nicht so genau nahm, fiel wahrscheinlich den wenigsten auf. Dass sie aber ganz und gar im Sinne der katholischen Kirche sprach, als sie sich vehement gegen die Abtreibung äußerte, war wohl allen klar. In Nordamerika und im westlichen Europa waren Abtreibungen zu dieser Zeit teilweise legalisiert worden und meist an eine Fristenregelung gebunden (in Großbritannien 1967, in den USA 1973, in Frankreich 1975 und in Italien 1978). Auch in Indien waren Schwangerschaftsabbrüche seit 1971 unter bestimmten Voraussetzungen erlaubt. Mutter Teresas Einstellung zu diesem Thema war genauso eindeutig wie die des Vatikans: Abtreibung war für sie der »größte Zerstörer des Friedens«, denn Abtreibung »ist ein direkter Krieg, ein direktes Töten, ein direkter Mord durch die Mutter selbst«.

Mutter Teresas Rede war – wie immer – absolut authentisch: Sie sprach die Dinge so aus, wie sie sie sah, lebte und erlebte. Umso erstaunlicher ist es, dass die Öffentlichkeit sie nicht als einfache, gläubige Nonne sah, sondern sie hochstilisierte zu einer Person mit »größten sozial- und entwicklungspolitischen Verdiensten«, wie es die Kulturwissenschaftlerin Marianne Sammer ausdrückte. »Dass Mutter Teresa in erster Linie Missionarin und Ordensgründerin war und nur in einem rein katholischen Sinne ein international wirkendes Friedenssymbol, war der damaligen Öffentlichkeit kaum bewusst, weil es von der Presse nicht nachdrücklich genug thematisiert wurde.«

Robert McNamara, früher US-Verteidigungsminister unter Präsident John F. Kennedy, war Mitte der 1970er-Jahre Vorsitzender der Weltbank. Ebenso wie Edward Kennedy unterstützte er 1975 die Nominierung der Ordensfrau.

»Ich bin sicher, dass Er noch einmal kommen wird – bevor ich sterbe – & ich Seine Stimme hören werde.«

MUTTER TERESA

1979, beim dritten Anlauf, war es dann so weit: Mutter Teresa wird in Stockholm der Friedensnobelpreis überreicht.

Natürlich brachte der Friedensnobelpreis eine gesteigerte Anerkennung mit sich. Vielleicht lag es auch an ihrer einfachen Friedensbotschaft, die sich damals gerade vor dem Hintergrund des Kalten Krieges so tröstlich anhörte: »Und ich denke, dass wir in unserer Familie keine Bomben und Kanonen brauchen, um den Frieden zu zerstören oder zu bringen – gehen Sie einfach aufeinander zu, lieben Sie einander, bringen Sie diesen Frieden, diese Freude, die Kraft des Füreinander-Daseins in Ihr Heim. Und das wird genügen, um alles Übel dieser Welt zu überwinden.« Sie erklärte auch gleich noch den allerersten Schritt zum Frieden: »Und darum wollen wir uns immer mit einem Lächeln begegnen, denn das Lächeln ist der Anfang der Liebe, und wenn wir anfangen, einander zu lieben, ergibt es sich von selbst, dass wir etwas für den anderen tun wollen.« Diese Worte vor dem Hintergrund der beiden Supermächte USA und UdSSR, die sich gegenseitig – und damit den Rest der Welt – bedrohten, machten Eindruck. Denn sie bedeuteten, dass die auf der Welt herrschende Feindschaft mit einfachsten Mitteln überwunden werden und jeder an diesem Friedensprozess mitwirken konnte, wenn er nur zu Hause bei sich anfangen würde.

Vermutlich hätte Mutter Teresa zu einer anderen Zeit an einem anderen Ort ihrem Publikum auch nichts wesentlich anderes erzählt, denn ihre

Botschaft war in ihrem Glauben begründet, und der unterlag nicht den aktuellen gesellschaftlichen oder politischen Einflüssen. Für die Anhänger der international aktiven Friedensbewegungen waren die Worte der Ordensfrau dennoch äußerst willkommen.

Die Gründerin der Missionarinnen der Nächstenliebe war nach der Verleihung des Friedensnobelpreises gefragter als jemals zuvor. In den 80er-Jahren nahm ihre Reisetätigkeit stark zu, und die Zahl der Ordensniederlassungen stieg beständig. Außerhalb Indiens unterhielt der Orden bis zu diesem Zeitpunkt u. a. Häuser in Venezuela, Sri Lanka, Tansania, Rom, Australien, Jordanien, England, USA, Äthiopien und im Jemen. Im katholischen Stadtteil Ballymurphy im nordirischen Belfast hatten die Schwestern 1971 ebenfalls ein Haus bezogen (der vorher dort wohnende Pfarrer soll bei der Ausübung seines Amtes erschossen worden sein). Doch die Schwestern konnten hier nicht lange bleiben und mussten 1973 das Haus wieder räumen. Mutter Teresa gewann diesem Rückschlag dennoch etwas Gutes ab: »Belfast zu verlassen war ein großes Opfer«, schrieb sie, »aber sehr fruchtbar, denn unsere Schwestern gehen jetzt nach Äthiopien, um dort den hungrigen Christus zu speisen.« Sie hatte sich vorgenommen, ihre Missionarinnen in Nord-Äthiopien einzusetzen, wo eine Hungersnot herrschte. Wie es Mutter Teresa gelang, zu Kaiser Haile Selassie vorzudringen, ist nicht genau bekannt. Sie nutzte einen Kontakt über die Tochter des äthiopischen Kaisers, und so gelang ihr etwas, was vor ihr andere Hilfsorganisationen vergeblich versucht hatten: Der Kaiser gestattete vier Missionarinnen, ein Haus für Bedürftige zu eröffnen. Angeblich soll Haile Selassie zu Mutter Teresa gesagt haben: »Ich habe von den guten Werken gehört, die Sie tun. Ich bin sehr glücklich, dass Sie gekommen sind. Ja, lassen Sie Ihre Schwestern nach Äthiopien kommen.«

Mutter Teresa selbst erhielt säckeweise Post aus der ganzen Welt. Sie schaffte es bei Weitem nicht, diese zu beantworten. Ihrem Beichtvater Pater van der Peet schrieb sie am 18. Oktober 1980: »Verzeihen Sie, dass ich Ihnen erst so spät schreibe. Ein Bischof sagte mir, ich würde mein Fegefeuer mit Briefeschreiben verbringen müssen – weil ich so zögerlich beim Antworten bin.« Die inzwischen 70-Jährige kam kaum mehr zum Ausruhen und konnte auch die Betreuung der vielen Niederlassungen weltweit allein nicht mehr bewältigen. 1980 wurden die Häuser in zwölf Regionen aufgeteilt, und für jede wurde eine Regionaloberin bestimmt. Allein 1980 wurden zwölf weitere Niederlassungen gegründet. Wenn Mutter Teresa an Pater van der Peet schrieb: »In diesem Jahr hatte ich mehrere Gelegenheiten, das Dürsten Jesu

> »Was wir tun, ist wie ein Tropfen im Ozean, aber ohne diesen Tropfen wäre der Ozean leerer. Gott hat uns geschaffen, und wir haben die Armut geschaffen. Das Problem wird verschwinden, sobald wir unsere Habgier aufgeben.«
>
> MUTTER TERESA

Seit 1954 wird der *Bharat Ratna* als höchste zivile Auszeichnung Indiens vergeben. Mutter Teresa erhielt den Orden 1980 und reihte sich damit unter Berühmtheiten wie Jawaharlal Nehru und Indira Gandhi ein.

> »Mein Geheimnis ist ganz einfach. Ich bin ein Werkzeug der göttlichen Vorsehung. Nicht ich habe es getan, Gott hat es so gewollt.«
>
> MUTTER TERESA

nach Liebe – nach Seelen – zu stillen«, dann bedeutete das, das noch mehr Arme von den Missionarinnen betreut werden konnten als zuvor.

Nicht alle Reisen unternahm Mutter Teresa aus eigenem Antrieb, gerade die Einladungen zu Vorträgen oder öffentlichen Veranstaltungen hätte sie gerne an andere weitergegeben, was ihr aber nur selten gelang. Sie wollte die Niederlassungen des Ordens eigentlich alle zwei Jahre besuchen und jeweils dabei sein, wenn die Schwestern ihr ewiges Gelübde ablegten. Doch das war nicht zu schaffen. Viel zu wenig Zeit blieb ihr auch für das Mutterhaus in Kalkutta, das inzwischen mehr als 340 Schwestern umfasste. Zu diesem Thema befragte sie die zuständige Obrigkeit, Papst Johannes Paul II. als Repräsentanten Gottes auf Erden, persönlich. Nach dieser privaten Audienz berichtete sie ihren Mitschwestern, der Heilige Vater habe zu ihr gesagt: »Fahren Sie mit dem fort, was Sie gerade tun. Weisen Sie Jesus nicht zurück.« Es fiel ihr zu diesem Zeitpunkt schwer zu gehorchen. Es war »wirklich blinder Gehorsam«, wie sie selbst schrieb. Aber dieser Gehorsam war Teil ihres Gelübdes, und niemals hätte sie dagegen gehandelt. Der Papst selbst musste längst erkannt haben, was die Bekanntheit Mutter Teresas für die katholische Kirche bedeutete: Eine bessere Werbung hätte er sich nicht wünschen können. Und so schickte er die Ordensfrau zusätzlich als eine Art Botschafterin auf diplomatische Mission. Beispielsweise musste sie in seinem Auftrag an der Weltbischofssynode in Rom teilnehmen, wo sie den offiziellen Standpunkt der katholischen Kirche in puncto Geburtenkontrolle und Abtreibung zu vertreten hatte.

Mit ihren 70 Jahren legte Mutter Teresa eine erstaunliche Energie an den Tag. Nachdem sie im März 1980 die höchste Auszeichnung Indiens in Empfang genommen hatte, den *Bharat Ratna* (»Juwel von Indien«), erhielt sie zunächst hohen Besuch in Kalkutta: Prinz Charles gab sich die Ehre. Dann reiste sie nach Rom, wurde in Italien von einer Universität zum Ehrendoktor der Medizin ernannt, gründete eine Niederlassung in der damaligen DDR, reiste nach Brasilien, um dort vor dem Rotarier-Club zu sprechen. Und nach Stippvisiten in Washington und New York folgten Reisen nach Nordirland und London.

Ein großer Teil ihrer Termine fand viel Beachtung, wobei das nicht unbedingt mit der Relevanz des Treffens (aus ihrer Sicht) zu tun hatte. Ein gutes Beispiel dafür war ihr Mittagessen im Weißen Haus mit Präsident Ronald Reagan und dessen Frau Nancy im Juni 1981. In der Presse war danach zu lesen, der Präsident hätte auf die Frage, worüber er denn mit der Ordensfrau gesprochen habe, geantwortet: »Ich habe zugehört.« Auf Reagan war

Ein Besuch bei der Friedensnobelpreisträgerin in Kalkutta wurde für viele Politiker und Mächtige der ganzen Welt zur Pflicht. 1980 gab sich der britische Kronprinz Charles die Ehre. Rund elf Jahre später sollte Mutter Teresa seine erste Ehefrau, Prinzessin Diana, wegen ihrer unglücklichen Ehe trösten.

kurz zuvor ein Attentat verübt worden, und Mutter Teresa hatte ihn darauf aufmerksam gemacht, dass ihn sein Leiden Jesus und den Armen näher gebracht hätte.

Amtliche und nichtamtliche Würdenträger bemühten sich um öffentliche Auftritte mit ihr. Gemäß ihrem göttlichen Auftrag war Mutter Teresa bei der Auswahl ihrer Termine nicht so wählerisch, wie es sich die (westliche) Öffentlichkeit gewünscht hätte. Als sie nach Haiti flog, um dort eine Ehrung aus der Hand des Diktators Jean Claude »Baby Doc« Duvalier entgegenzunehmen, waren viele Presseartikel kritisch: Wie könne sie behaupten, dass »sie noch nie gesehen hätte, dass arme Menschen so vertraut mit ihrem Staatsoberhaupt sind« (in diesem Fall war die Gattin des Diktators gemeint), wo doch allseits bekannt wäre, dass sich die Duvaliers an ihrem Volk maßlos bereicherten? Doch die meisten ihrer Aktionen wurden positiv aufgenommen. Ab 1982 drehten die zwei US-Amerikanerinnen Ann und Jeanette Petrie einen Dokumentarfilm über Mutter Teresa und ihre Arbeit in Beirut, Kalkutta, den USA, in Guatemala und einer Reihe anderer Länder, der 1986 veröffent-

Eine Auszeichnung folgte der nächsten. 1983 übergab die britische Königin Elizabeth II. Mutter Teresa den »Order of Merit«.

licht und anlässlich einer Feier im UNO-Hauptquartier gezeigt wurde. Mutter Teresa wohnte selbst der Aufführung bei. Der Film trug weiter dazu bei, die Arbeit der Missionarinnen der Nächstenliebe weltweit bekannt zu machen. Gerade die Aufnahmen in Beirut als einem aktuellen Krisengebiet hinterließen bei den Zuschauern einen tiefen Eindruck, und wer den Film kennt oder sich Ausschnitte davon ansieht, versteht, warum. Zerbombte Häuser, weinende Menschen, Rot-Kreuz-Krankenwagen, die mit Blaulicht durch die Straßen fahren, dann im Bild Mutter Teresa – eine ältere, gebeugte Frau mit zerfurchtem Gesicht, die mit ihren Händen liebevoll das Gesicht eines kleinen Kindes umfasst, das hoffnungsvoll zu ihr emporblickt und offensichtlich von ihr gerettet wird ... und schließlich die raue Stimme der Ordensfrau, die in abgehacktem Englisch mit starkem Akzent sagt: »I do it for Jesus.« Wer kann sich diesen Bildern entziehen (vor allem bei Untermalung mit entsprechender Musik)? Diese Frau, die so mitfühlend das offensichtlich geistig schwer behinderte Kind an sich drückt, muss eine gute Frau sein.

Im Juli 1987 wurde der Film mit dem einfachen Titel *Mutter Teresa* auf einem internationalen Filmfestival in Moskau ausgezeichnet, und wenig später erhielt Mutter Teresa eine Einladung der russisch-orthodoxen Kirche und des sowjetischen Friedenskomitees. Wieder einmal zeigte sich, dass gerade das »Unpolitisch-Sein«, das der Ordensfrau oft angelastet wurde, ihr auf der anderen Seite Tür und Tor in Ländern öffnete, die sonst nicht so leicht zugänglich waren.

Bis zu ihrer Reise in den Libanon im August 1982 hatte Mutter Teresa noch nie ein Kriegsgebiet betreten (von Belfast in Nordirland abgesehen). Der seit 1975 währende Bürgerkrieg hatte die Stadt Beirut in einen muslimischen West- und einen christlichen Ostteil geteilt, in Letzterem stand ein Haus der Missionarinnen der Nächstenliebe. Quer durch die Stadt verlief die sogenannte »Grüne Linie«, deren Überqueren äußerst riskant war. Mutter Teresa war entsetzt über das Ausmaß an Zerstörung, das die Waffen in der Stadt angerichtet hatten. Später äußerte sie sich darüber: »Ich habe noch nie zuvor einen Krieg erlebt, doch ich habe Hungersnöte und den Tod gesehen. Ich frage mich, was sie wohl fühlen, wenn sie solche Dinge tun? Ich verstehe es nicht. Sie sind alle Kinder Gottes. Warum tun sie das? Ich verstehe es nicht.«

Je älter Mutter Teresa wurde, desto mehr forderte das viele Reisen seinen Tribut. Denn egal wo sie war, sie versuchte den normalen Tagesablauf einer Missionarin der Nächstenliebe weitgehend beizubehalten.

Bei einem Treffen mit Mitarbeitern des Roten Kreuzes erfuhr sie von einer Gruppe behinderter Kinder im Westteil Beiruts, die dort nach einem Raketenangriff im oberen Stockwerk eines Krankenhauses eingeschlossen waren. Die Ordensfrau beschloss kurzerhand, die Kinder dort herauszuholen und sie damit vor dem Verhungern zu bewahren. Bei dieser Gelegenheit wurde sie von einem der Rot-Kreuz-Mitarbeiter als eine Mischung aus »einem Militärkommandanten und dem heiligen Franz von Assisi« beschrieben. Ein Konvoi aus Rot-Kreuz-Wagen holte zunächst 38 Kinder aus dem zerbombten Krankenhaus, zwei Tage später noch einmal über 20, und brachte sie in ein Kloster im christlichen Ostteil der Stadt. Möglich wurde der Einsatz erst, als die Waffen in Beirut plötzlich schwiegen. Für Mutter Teresa lag es auf der Hand, dass das an ihren Gebeten und am Entzünden einer Osterkerze eine Stunde zuvor lag: »Am Donnerstag waren die Bombenangriffe schrecklich. An diesem Abend entzündete ich die Kerze gegen 16 Uhr. Um 17 Uhr hörte plötzlich alles auf. Seitdem ist es vollkommen ruhig. – Wir gingen hinüber und brachten 38 verkrüppelte und geistig behinderte kleine Kinder. In der letzten Nacht erlosch die Kerze.«

Die Rettungsaktion sorgte für positive Schlagzeilen. Ebenso wie ihr Einsatz in Äthiopien im Jahr 1985, als die Bevölkerung des Bürgerkriegslandes von einer dramatischen Hungersnot bedroht war und sich Mutter Teresa persönlich bei Ronald Reagan für Soforthilfe für das Land bemühte. »Mr. President, schicken Sie mir Helikopter«, soll sie bei ihrem kurzen Anruf gesagt haben. Am Flughafen von Addis Abeba traf Mutter Teresa den bekannten Leadsänger der Band »Boomtown Rats«, Bob Geldof, der zusammen mit anderen Größen der Musikbranche durch den Verkauf von Platten und Konzerttickets große Spendensummen für die Opfer der Hungersnot in Äthio-

Zwei Welten trafen 1985 auf dem Flughafen Addis Abeba in Äthiopien aufeinander: die Nonne und der Rockmusiker Bob Geldof. Obwohl unterschiedlich im Ansatz, hatten beide das gleiche Ziel: den Hungernden in Äthiopien zu helfen.

pien aufbrachte. Nach der kurzen Begegnung sagte er über Mutter Teresa, sie sei »die lebende Verkörperung des moralisch Guten«, stellte aber gleichzeitig fest: »Sie hatte nichts Weltfremdes oder Göttliches an sich. Die Art, wie sie mit den Journalisten sprach, bewies, dass sie die Medien genauso geschickt manipulieren konnte wie jeder mächtige PR-Experte. Sie zieht ihre ›Ach je, ich bin doch bloß eine gebrechliche alte Frau‹-Nummer ab. Sie war ungeheuer brillant. Sie legte keine falsche Bescheidenheit an den Tag, und sie war sich ihres Zieles so sicher, dass sie kaum Geduld hatte.«

Auch Mutter Teresas Engagement für Aidskranke fand viel Beachtung. Anfang der 1980er-Jahre war diese Krankheit zuerst unter homosexuellen Männern in den USA aufgetaucht. Die Ansteckungswege wurden relativ bald bekannt, ebenso der oft tödliche Verlauf. Die Homosexuellen, ohnehin eine Randgruppe der Gesellschaft, wurden durch Aids noch zusätzlich isoliert. Von Mutter Teresa gab es keine Kommentare zu gleichgeschlechtlichen Sexualpartnern, die von der Kirche offiziell als unnatürlich bezeichnet werden. Sie blieb ihrer Überzeugung treu, dass alle Menschen von Gott geschaffen wurden und so auch gleiche Behandlung verdienten.

Bei einem Besuch in einem New Yorker Hochsicherheitsgefängnis soll Mutter Teresa klar geworden sein, dass die Aidskranken dort – drei verurteilte Männer, die an der Krankheit sterben würden – wie Ausgestoßene behandelt wurden. Nach ihrem Anruf beim zuständigen Gouverneur wurden die Männer in ein Krankenhaus überwiesen, obwohl der Gouverneur das bis zu diesem Zeitpunkt abgelehnt haben soll. Interessant ist an dieser Geschichte erstens die Selbstverständlichkeit, mit der sich Mutter Teresa jeweils an die Obrigkeit wandte (egal ob Gouverneur oder Präsident), und zweitens, dass Gouverneur Cuomo es sich offensichtlich nicht leisten konnte, den Wunsch der Ordensfrau abzulehnen, weil er um sein politisches Image zu fürchten schien.

Mutter Teresa war auf jeden Fall gewillt, für die Opfer dieser neuen Seuche der zivilisierten Welt ebenso zu sorgen wie für die Leprakranken in den indischen Slums. 1985 eröffnete sie in Greenwich Village in New York ein Hospiz für aidskranke Männer, das den Namen *Gift of Love* (»Geschenk der Liebe«) trug. Ein Jahr später folgte ein zweites Haus in Washington, D.C., hier gegen den erbitterten Widerstand der Nachbarschaft, die mögliche Ansteckung und fallende Immobilienpreise fürchteten. Auf Aidskranke angesprochen, sagte Mutter Teresa: »Wir sind nicht dazu da, um über diese Menschen zu richten, um über Schuld und Verantwortung zu entscheiden. Unsere Mission ist es, ihnen zu helfen und ihr Sterben erträglicher zu machen.«

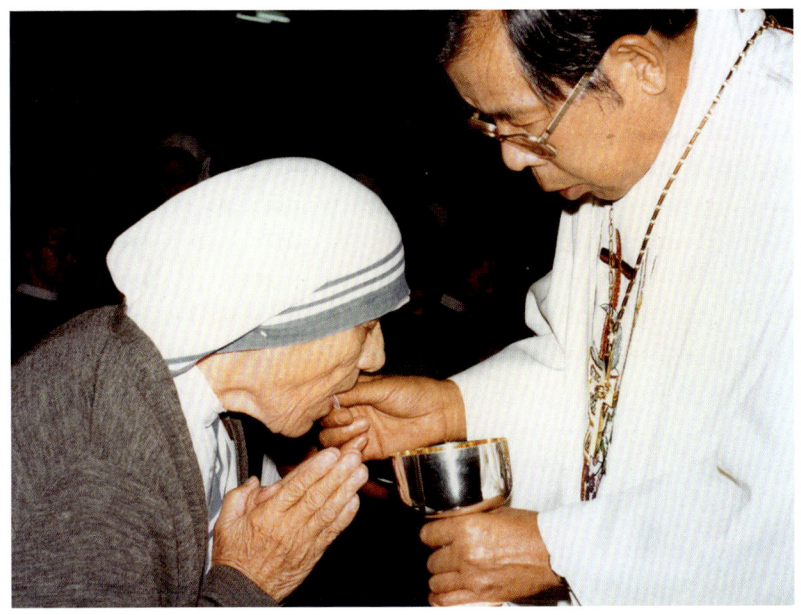

In der zweiten Hälfte der 1980er-Jahre gründete der Orden zahlreiche Niederlassungen in Asien. Hier ist Mutter Teresa mit dem südkoreanischen Kardinal Kim Sou-Hwan zu sehen.

Der Orden der Missionarinnen der Nächstenliebe wuchs und wuchs. 1986 wurden 26 neue Niederlassungen in 17 Ländern gegründet. Es besteht kaum Zweifel daran, dass Mutter Teresa ihre Schwestern gerne in allen Ländern gesehen hätte, in denen es Armut gab, egal ob materielle oder geistige. Ihr Interesse galt zunehmend auch den kommunistischen Ländern.

Ihr eigenes – ursprüngliches – Heimatland Albanien war unter kommunistischer Herrschaft und hatte die Religion aus dem Alltagsleben verbannt. Mutter Teresas Geburtsstadt Skopje lag seit 1946 auf dem Gebiet von Mazedonien, der südlichsten Teilrepublik Jugoslawiens. Hier konnten die Missionarinnen der Nächstenliebe Anfang der 1980er-Jahre eine Niederlassung gründen. 1987 und 1988 wurde Mutter Teresa nach Moskau eingeladen, und es wurde ihr gestattet, auch in den sowjetischen Ländern Niederlassungen einzurichten. Ende der 1980er-Jahre waren die Missionarinnen dann auch in Albanien vertreten, als dort der neue Machthaber Ramiz Alia das Religionsverbot lockerte.

Auch im Fernen Osten waren die Schwestern inzwischen vertreten: Auf den Philippinen, in Papua-Neuguinea, Hongkong, Südkorea, Taiwan und Japan gab es jeweils Ordenshäuser. Nur das große China verschloss sich gegen die Missionsschwestern. Mutter Teresa wurde zwar mehrmals nach China eingeladen, aber bis zu ihrem Tod gelang es ihr nicht, dort eine Niederlassung zu gründen.

»Herr Senator, wir sind nicht immer dazu berufen, erfolgreich zu sein, aber wir sind immer dazu berufen zu glauben.«

MUTTER TERESA AUF DIE FRAGE, OB IHRE ARBEIT IN INDIEN NICHT HOFFNUNGSLOS SEI

Glaube, Neugier und Idealismus
DAS HEER DER HELFER

Nachdem Mutter Teresa 1979 den Friedensnobelpreis erhalten hatte, gingen Bilder von ihr um die ganze Welt. Die Ordensschwestern mit ihrem weißen Sari mit der blauen Borte wurden auf den Straßen überall als Missionarinnen der Nächstenliebe erkannt. In ihren Niederlassungen fanden sich immer mehr freiwillige Helfer. Nachdem gemäß dem Regelwerk der Ordensgemeinschaft nur vier bis fünf Schwestern pro Haus im Einsatz waren, hätten diese allein auch nicht viel ausrichten können. Je mehr Häuser die Gemeinschaft eröffnete, desto mehr waren die Schwestern auf freiwillige Mitarbeiter angewiesen.

»Ich dringe immer darauf, dass die Leute mit uns und für uns und für die Menschen arbeiten. Ich spreche mit ihnen nie von Geld oder bitte sie um etwas. Ich fordere sie nur einfach auf, zu kommen und die Menschen zu lieben, ihre Hände zu geben, um ihnen zu dienen, und ihre Herzen, um sie zu lieben. Und wenn sie das nächste Mal kommen, dann fühlen sie sich bereits persönlich beteiligt.«

MUTTER TERESA

Mutter Teresa versuchte, zumindest einen Teil dieser Laienhelfer organisatorisch an den von ihr gegründeten Orden anzugliedern. Dabei kam ihr die Bekanntschaft mit der Britin Ann Blaikie entgegen, die 1960 wieder nach England zurückkehrt war und dort das Mutter-Teresa-Komitee gegründet hatte. Blaikie scharte Helfer um sich und organisierte Sach- und Geldspenden für die Missionarinnen der Nächstenliebe. Nachdem sich auch außerhalb Großbritanniens immer mehr Mitarbeiter formierten, gründete Mutter Teresa eine Art Dachorganisation mit dem Namen »Internationaler Verband der Mitarbeiter von Mutter Teresa«. 1969 erhielt diese Organisation – mit Ann Blaikie als Vorsitzende – von Papst Paul VI. den Segen und wurde den Missionarinnen der Nächstenliebe angegliedert.

Dies bedeutete, dass die Mitglieder des Verbands im Sinne der Ordensgemeinschaft zu handeln und deren Ziele zu vertreten hatten. Keine Rolle spielte dabei laut den Statuten die Religionszugehörigkeit oder der Familienstand, wobei es sich de facto um eine katholisch ausgerichtete Organisation handelte. Zwar mussten sich die Mitglieder nicht auf die Stufe mit den Ärmsten der Armen begeben, aber sie sollten dennoch in den armen Menschen den leidenden Jesus erkennen und diese Erfahrung auch innerhalb ihrer Familie weitergeben. Als wünschenswert wurden bestimmte Gebete und mindestens ein Gottesdienstbesuch im Monat vorgegeben, und generell sollten die Mitglieder die Gelübde der Ordensschwestern (Keuschheit, Gehorsam, Nächstenliebe) so gut wie möglich nachleben. Eine Umsetzung dieser Theorie hätte in der Praxis die ideale christliche Familie ergeben.

Über die Mitgliederzahl kann – wie bei allen Organisationen der Mutter Teresa – nur eine vage Schätzung abgegeben werden, denn es gibt ver-

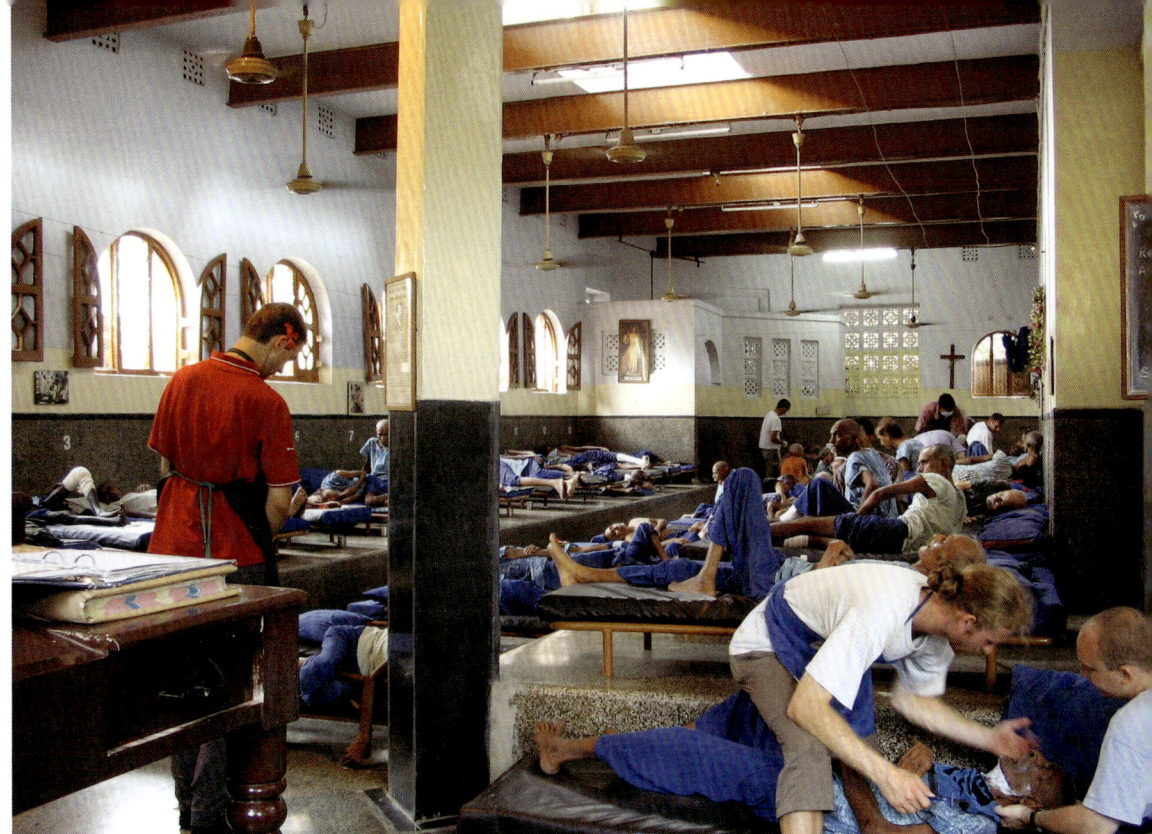

schiedene Angaben, die alle nicht verifiziert werden können. Ein Mittelwert aus mehreren Quellen ergibt für das Jahr 1990 knapp über eine Million Mitarbeiter in diesem Verband, wobei die niedrigste Zahl bei 80 000 ansetzt.

Entsprechend der Orientierung an Mutter Teresas Orden war der gesamte Verband schlecht organisiert, denn für Verwaltung und Logistik durfte kein Geld ausgegeben werden. Es gab also keine offiziellen Büros mit festangestellten Mitarbeitern, sondern nur ehrenamtliche Helfer, die privat telefonierten und Treffen und Projekte organisierten, und zwar über viele Ländergrenzen hinweg. Zudem mussten die Unternehmungen des Verbandes jeweils mit den Ordensschwestern abgesprochen werden. Es gab weder eine offizielle Buchführung noch eine Dokumentation der Tätigkeiten des Verbandes.

Offensichtlich funktionierten die Absprachen zwischen den Mitarbeitern und dem Orden nicht immer zufriedenstellend, denn von Mutter Teresa kam immer wieder Kritik: Der Orden wolle und könne keine regelmäßigen finanziellen Zuwendungen in Form von Spenden erhalten, zudem seien kommerzielle Aktivitäten wie der gezielte Verkauf von Artikeln wie z. B. Weihnachtskarten zum Geldsammeln nicht erwünscht. Anscheinend hatten nicht alle Mitarbeiter Mutter Teresas Grundsatz verinnerlicht: Es wird nicht groß geplant, sondern im Falle des Bedarfs spontan gebetet, bis sich der Geldsegen einstellt. Göttliche Vorsehung und die Kraft der Gebete

Freiwillige aus der ganzen Welt finden sich am Sterbehaus *Nirmal Hriday* in Kalkutta ein und bieten ihre Hilfe an – für Stunden, Tage, Monate oder sogar Jahre.

Mutter Teresa war unermüdlich in ihrem Kampf gegen Armut, Hunger und Krieg in der Welt. Schwer gekennzeichnet vom Alter ließ sie im April 1995 auf einem schwimmenden Lazarettschiff vor der Küste Bangladeschs eine weiße Taube als klassisches Symbol des Friedens fliegen.

waren Grundpfeiler in Mutter Teresas Glaubensbild. Konzepte, Pläne und strukturiertes Vorgehen waren dabei – offiziell – nicht vorgesehen. Dass sie es dennoch schaffte, ihre Reisen mit der Vielzahl an Verabredungen und Terminen durchzuführen, ist schon erstaunlich.

Die Biografin Kathryn Spink berichtet von Mutter Teresas »tief verwurzelter Angst vor einer allzu durchstrukturierten Organisation der Vereinigung, vor zu vielen Amtsträgern und vor dem Verlust der Einfachheit«. Mutter Teresa bevorzugte Spontanentschlüsse. Spink schreibt: »Es war niemals leicht gewesen, den Ansprüchen einer Frau zu genügen, die in einem Moment Mittel zur Versorgung der Armen forderte und die nur einen Augenblick später untersagte, dass Weihnachtskarten verschickt würden, um eben dieses Geld aufzubringen.«

Schon 1992 hatte Mutter Teresa gegenüber Ann Blaikie erwähnt, dass sie eine Auflösung des Mitarbeiterverbands erwäge. Auf einer Konferenz der Organisation im Mai 1993 brachte Bruder Geoff, zu dieser Zeit Oberster der Missionsbrüder der Nächstenliebe, in Mutter Teresas Namen verschiedene Anschuldigungen vor, die der Ordensfrau zu Ohren gekommen waren: Gespendetes Geld komme nicht zu den Armen, sondern würde für Mitarbeiterreisen oder -vergnügen verwendet usw. Zwar konnten die anwesenden Mitarbeiter diese Aussagen entkräften, doch nicht mit der gewünschten Nachhaltigkeit: Kurzerhand wurde der Verband vom Spendensammeln und -verwalten befreit und das Mutterhaus in Kalkutta bzw. das Schwesternhaus

»Ohne unsere ehrenamtlichen Helferinnen und Helfer wären wir nicht in der Lage, unsere Arbeit zu bewältigen.«

Mutter Teresa

in Rom damit betraut. Wiederholt forderte Mutter Teresa in Briefen an die Vorsitzende Margaret Cullis (Ann Blaikies Nachfolgerin) und an alle Mitarbeiter diese auf, zur »Einfachheit« zurückzukehren und entstandene Hierarchien zu zerstören: »Ich wünsche keine Amtsträger auf irgendeiner Ebene.« Die Mitarbeiter sollten sich wieder auf ihre regionalen Aktivitäten beschränken und dort eng mit den Missionarinnen der Nächstenliebe zusammenarbeiten.

Die Ordensschwestern verteilen Lebensmittel an Bedürftige.

Kurz darauf wurde der Internationale Mitarbeiterverband offiziell aufgelöst, wobei die Mitglieder de facto weiter für den Orden arbeiteten, was Mutter Teresa prinzipiell auch begrüßte. 1998 – ein Jahr nach ihrem Tod – wurde mit dem *International Movement of Co-Workers of Mother Teresa* unter der neuen Generaloberin Schwester Nirmala eine Nachfolgeorganisation gegründet.

Mitte der 1980er-Jahre hatte Mutter Teresa zusätzlich eine Laienorganisation für medizinisches Personal und Ärzte gegründet, nach dem Vorbild von Organisationen, die es Ärzten ermöglichen, in ihrem Urlaub in Entwicklungsländern tätig zu sein. Im Gegensatz dazu war Mutter Teresas Medizinerorganisation eindeutig religiös motiviert. Zwar mussten die Mitglieder nicht katholisch sein, in aller Regel waren sie es aber.

Für andere Personen, die sich zu Mutter Teresas Orden hingezogen fühlten, ohne aber in diesen eintreten zu wollen, wurde 1984 eine Laienvereinigung unter dem Namen *Nazareth Family Movement* gegründet, die seit ihrem Anschluss an den Orden der Missionarinnen der Nächstenliebe *Lay Missionaries of Charity* hieß. Das erklärte Ziel der Mitglieder war es, mit ihrer Familie ein ordentliches christliches Leben nach dem Vorbild der Heiligen Familie zu führen und damit das Dürsten Jesu zu stillen. Tägliche Gebete und die Gelübde der Armut, des Gehorsams, des Dienstes an den Armen und der Keuschheit (auch in der Ehe, denn Mitglied werden konnte man unabhängig vom Familienstand) bildeten den Rahmen für diese Gemeinschaft. Die Zahl der Mitglieder kann nur geschätzt werden, es sollen an die 1000 überwiegend in Europa sein.

Ein großer Teil der Helfer war jedoch unorganisiert und tauchte spontan bei den Niederlassungen der Missionarinnen der Nächstenliebe auf. Diese Menschen kamen für Stunden, Tage oder Monate, packten da mit an, wo gerade Hilfe gebraucht wurde, und gingen irgendwann wieder. Die Ordensschwestern und Mutter Teresa selbst nahmen jede Hilfeleistung gerne an. »Ich gebe den Menschen eine Chance zu kommen und die Armen zu berühren. Jeder muss das erfahren«, sagte Mutter Teresa. Weilte sie in Kalkutta,

»Du brauchst nicht nach Indien zu kommen, um anderen Liebe zu schenken – die Straße, in der du wohnst, kann dein *Nirmal Hriday* sein.«

MUTTER TERESA

»Ich bin den ganzen Tag vom Tod umgeben und bin ganz ergriffen davon, wie würdevoll dieser Dienst an den Armen ist, die herkommen, um eingekleidet, verköstigt und wie Menschen behandelt zu werden, nachdem sie wie Tiere gelebt haben.«

EINE HELFERIN IN *NIRMAL HRIDAY*, KALKUTTA

verteilte sie regelmäßig nachmittags an die Helfer und an vor dem Haus wartende Touristen kleine Karten, die sie ihre »Visitenkarten« nannte. »Die Frucht des Schweigens ist das Gebet; die Frucht des Gebets ist der Glaube; die Frucht des Glaubens ist die Liebe«, lautete der Text darauf.

In den Anfangsjahren der Ordensgemeinschaft in Kalkutta stellten sich die verschiedensten Helfer beim Sterbehaus *Nirmal Hriday* ein. Hindu-Frauen aus den oberen Kasten wuschen die Kranken, obwohl diese traditionell zu den Unberührbaren gehörten. Europäerinnen, deren Ehemänner meist beruflich in Kalkutta waren, pflegten die Sterbenden, organisierten brauchbare Materialien und Spielzeug für die Kinder im Kinderheim *Shishu Bhavan*. Einige gaben den Ordensschwestern Englischunterricht. Ein jüdischer Arzt operierte ohne Bezahlung, Studenten kamen samstags, um die Männer im Sterbehaus zu rasieren.

Viele Helfer machten dabei Erfahrungen, die sich ihnen tief einprägten. Eine Frau, die im Kinderheim aushalf und der eine Schwester einen sterbenden Säugling in den Arm legte, damit dieser nicht allein war, berichtete, wie sie dem Kind den ganzen Tag Brahms' Wiegenlied vorgesummt habe, bis es starb. Kein Kind sollte sterben, ohne geliebt worden zu sein, das war der Grundsatz in *Shishu Bhavan*. »Unsere Freiwilligen kehren als andere Menschen zurück«, wusste Mutter Teresa. Ein deutscher Student, der 1983 im Sterbehaus arbeitete, sieht heute noch das Bild eines alten Mannes vor sich, in dessen Krebsgeschwür es vor Maden wimmelte.

Wie viele andere war dieser Student durch die Verleihung des Nobelpreises 1979 auf Mutter Teresa und ihr Werk aufmerksam geworden. Pure Neugier, aber auch Idealismus hatten ihn dazu gebracht, im Sterbehaus zu arbeiten. »Hier hatte man das Gefühl, wirklich was tun zu können, die Welt ein bisschen zu verbessern.«

Oft waren es junge Leute wie er aus Europa, den USA oder Australien, die im Rahmen einer Asienreise nach Kalkutta kamen und bei den Missionarinnen der Nächstenliebe arbeiteten. Ein Journalist berichtete 1996 in einem Artikel im deutschen Magazin *Spiegel*, dass sich jeden Morgen dort rund 30 Freiwillige aus Ländern wie Spanien, Deutschland, Italien und den USA meldeten, unter ihnen wohlhabende Ehefrauen, ein Paar auf der Hochzeitsreise, Studenten in den Semesterferien und Angestellte aus allen Branchen, die hier ihren »Urlaub« verbrachten. Einige verlängerten ihren Aufenthalt oder kamen wieder. Zu ihren Tätigkeiten gehörte das Waschen und Füttern der Kranken und Sterbenden, Bettwäsche-Wechseln und Böden-Schrubben.

Die Kette der Helfer reißt bis heute nicht ab. Zu Beginn des neuen Jahrtausends hatte Kalkutta schätzungsweise an die 13 Millionen Einwohner, zählt man die umliegenden Gebiete dazu. Ungefähr ein Drittel der Menschen lebten in einem der unzähligen Slumgebiete, ein Sechstel direkt auf der Straße. Im Sterbehaus *Nirmal Hriday* sind die Plätze immer belegt.

Nicht alle freiwilligen Helfer sind Christen, die diese Arbeit aus ihrem Glauben heraus leisten. Einige sind Gescheiterte, die vor ihrer Vergangenheit oder Enttäuschungen fliehen. Andere suchen einen neuen Sinn und Zweck für ihr Leben. Manche wollen eine Welt hinter sich lassen, in der nur noch Geld und materielle Werte zählen.

»Dies ist der schönste Ort in Indien«, wird ein 35-jähriger Bankangestellter aus Deutschland zitiert. Dies ist kaum vorstellbar in einem Raum, in dem es nach Exkrementen und Desinfektionsmitteln stinkt. Er kam ursprünglich für zwei Wochen hierher, blieb dann zwei Jahre und kommt seitdem immer wieder. Ein französischer Student sagt, dass er hier umgehend das Ergebnis seiner Mühen zu sehen bekomme: das Lächeln eines anderen Menschen. Sie alle wollen helfen und stellen den eigenen Komfort, die eigene Bequemlichkeit hintan.

Hinweisschilder zum berühmten Sterbehaus *Nirmal Hriday* findet man in Kalkutta kaum. Wohl aber Bilder von Mutter Teresa, hier an einer Straßenkreuzung.

»Ich verstehe unter ›lieben, bis es schmerzt‹, dass man liebt, selbst wenn man die Situation nicht versteht, die Leute nicht, gar nichts.«

EINE HELFERIN IN SAN FRANCISCO

»Engel der Armen« oder »Engel der Hölle«?
DIE KRITIKER KOMMEN ZU WORT

Je mehr der Orden der Missionarinnen der Nächstenliebe und seine Niederlassungen ins Blickfeld der Öffentlichkeit rückten, desto lauter meldeten sich auch kritische Stimmen. Ein Besuch des Sterbehauses *Nirmal Hriday* in Kalkutta stand für jeden nach Indien reisenden Politiker und Prominenten auf der To-do-Liste, und die Zahl der freiwilligen Helfer stieg kontinuierlich an. Aber nicht allen gefiel, was sie dort erlebten. Auch die undurchschaubaren Finanzen des Ordens wurden zunehmend misstrauisch beäugt, und viele fragten sich, warum eine so berühmte Frau nicht mehr Einfluss nahm.

> »Die Leute sagen, dass sie sich näher zu Gott gezogen fühlen, wenn sie meinen festen Glauben sehen. Ist das nicht ein Betrug an den Leuten?«
>
> MUTTER TERESA

Einer der größten Kritikpunkte war die Frage: Warum setzte Mutter Teresa ihre Popularität nicht zum Kampf gegen die Ursachen der Armut ein, statt alles kritiklos hinzunehmen? Wie konnte sie eine Auszeichnung (und einen Scheck) aus der Hand des haitianischen Diktators Jean Claude »Baby Doc« Duvalier entgegennehmen und sich nachher auch noch positiv über diesen äußern, wo er doch für die große Armut seines Volkes verantwortlich war? Wäre ihr viel beachteter Besuch in Südafrika 1988 nicht die Gelegenheit gewesen, sich eindeutig gegen die Apartheid zu äußern? Solche und ähnliche Fragen wurden immer wieder gestellt. Mutter Teresa hatte dazu eine Standardantwort parat: »Ich mische mich nie in die Politik ein, weil ich mich da nicht auskenne.« Ganz bewusst versuchte sie zu vermeiden, für die eine oder andere Seite Partei zu ergreifen und sich damit in die Politik hineinziehen zu lassen. Es war aus ihrer Sicht schlichtweg nicht ihre Aufgabe, nach dem Warum zu fragen. Vermutlich wäre sie damit auch überfordert gewesen. Sie fühlte sich dazu bestimmt, den Ärmsten der Armen zu dienen und nicht zu hinterfragen, warum diese so bitterarm waren. Wenn jeder bereit wäre zu teilen, sagte sie oft, dann gäbe es weniger Arme. Und so machte sie das, was sie am besten konnte: Sie identifizierte sich mit den Bedürftigen und versuchte, ihnen schnellstmöglich zu helfen.

Diese Haltung bedeutete aber nicht, dass sie die aktuelle Politik nicht verfolgte. Als etwa 1991 irakische Truppen in Kuwait einmarschierten, formulierte Mutter Teresa sowohl an den irakischen Machthaber Saddam Hussein als auch an den US-amerikanischen Präsidenten George Bush sr. ein Schreiben mit der Bitte, auf einen Krieg zu verzichten. Doch prinzipielles

Reflektieren über die Ursachen der physischen und geistigen Armut auf der Welt gehörte nicht zu ihren Aufgaben.

Mutter Teresa wurde außerdem vorgeworfen, ihr Hauptmotiv sei die Missionierung Andersgläubiger. Sie war seit 1948 indische Staatsbürgerin, und Kalkutta war ihre gefühlte Heimat, auch wenn sie sich nach wie vor von der Nationalität her als Albanerin sah. Vor allem aber war sie eine katholische Ordensfrau und Missionarin. Aus welchem Motiv heraus bemühte sie sich so um die Armen? Ging es dabei vorrangig um Leben (und Weitergeben) des katholischen Glaubens, oder ging es um die Armen selbst?

Nicht nur in ihrer Anfangszeit in Kalkutta wurde Mutter Teresa mit dem Vorwurf konfrontiert, sie würde den sterbenden Armen durch Nottaufen das Christentum aufzwingen. Schließlich war es ihr erklärtes Ziel, den Durst Jesu nach Seelen zu stillen. Waren denn auch ungetaufte Seelen annehmbar? Schließlich war die Taufe im katholischen Glauben ein unverzichtbarer Schritt zur Errettung. Nahmen die Nonnen in den Sterbehäusern heimlich Nottaufen vor, indem sie den Sterbenden ein feuchtes Tuch auf die Augen legten und die Formel flüsterten, die den Seelen die Richtung zum Reich Gottes wies?

Mutter Teresa wehrte sich gegen diese Vorwürfe und betonte, dass im Sterbehaus *Nirmal Hriday* jeder Mensch das Sterbesakrament erhalten würde, das gemäß seiner Religion angemessen sei. Niemand, der Mutter Teresa auch nur ein bisschen kannte, konnte aber daran zweifeln, dass es für sie nur den einen Gott gab. Wie konnte sie da andere Religionen gutheißen? Als ein Reporter des US-Magazins *Time* sie 1989 fragte, was sie vom Hin-

Der Besuch von Papst Johannes Paul II. in Kalkutta im Februar 1986 stellte den Höhepunkt der zehntägigen Indienreise des Pontifex dar. Für Mutter Teresa war der Auftritt des Papstes im hinduistischen Tempelbezirk Kalighat (vor dem Sterbehaus der Missionarinnen der Nächstenliebe) kein Problem, sie fand es einfach nur »wunderbar«, dass er von hier aus eine »Botschaft an die Armen der Welt« verkündete.

»Daueraufträge bedeuten Sicherheit, ich aber will von Gottes Vorsehung abhängen.«

MUTTER TERESA

Eigentlich wollte der damalige deutsche Bundeskanzler Helmut Kohl seine Indienreise 1986 mit einem Besuch bei der Friedensnobelpreisträgerin in Kalkutta beginnen. Diplomaten rieten ihm aber davon ab. Der Kanzler besuchte dann zuerst das Tadsch Mahal, und Mutter Teresa wurde zu einem Treffen nach Neu-Delhi eingeflogen.

duismus halte, antwortete sie: »Ich liebe alle Religionen, aber ich bin in meine eigene verliebt.« Ihre größte Hoffnung in Indien sei es, »allen Jesus zu geben«, und das versuche sie durch ihre »Liebeswerke«. Sie verfolgte einen ganz eigenen, passiven Kurs der Missionierung und war sich sicher, dass der Einzelne schon irgendwann den wahren Gott erkennen werde. Ihre Aufgabe sei es, den Menschen die Liebe zu geben, der Rest geschähe dann von alleine: »Wir versuchen nie, diejenigen, die etwas bekommen, zum Christentum zu bekehren.«

Doch der Vorwurf des »Reis-Christentums« ließ sich nie ganz entkräften. (Christliche Missionare aus Amerika verteilten in China Anfang des 20. Jahrhunderts Reis an die Hungrigen, wenn diese zum Christentum konvertierten. Diese Menschen nannte man »Reis-Christen«.) Viele behaupteten, die Ordensfrau halte sich in Bezug auf die Missionierung Andersgläubiger nur deswegen so bedeckt, um ihre guten Beziehungen zur indischen Regierung nicht zu gefährden. Ein indischer Beamter soll Mutter Teresa eines Tages darauf angesprochen haben, ob es ihr nicht lieber wäre, wenn er Christ wäre. Darauf soll sie geantwortet haben: »Wenn Sie etwas wirklich Gutes besitzen, dann möchten Sie es mit Ihren Freunden teilen. Ich denke, dass Christus das Beste in der Welt ist, und ich möchte, dass alle ihn kennen und lieben wie ich. Aber der Glaube an Christus ist eine Gabe Gottes, die er nach seinem Belieben verteilt.« Dies war vermutlich eine sehr ehrliche Antwort, denn für Mutter Teresa gab es zu ihrem katholischen Glauben keine Alternative. Was sie aber nicht davon abhielt, den Bedürftigen unabhängig von ihrer Religionszugehörigkeit zu helfen. Und dass man diesen bedürftigen Menschen das Wissen um den einen Gott anbot, also bereit war, das »Beste in der Welt« mit ihm zu teilen, war aus Sicht Mutter Teresas und ihrer Schwestern selbstverständlich.

Viele Kritiker zog sich Mutter Teresa mit ihrem Frauenbild und ihrer Haltung zur Abtreibung und zur Empfängnisverhütung auf sich. Aus heutiger Sicht war ihr Frauenbild – milde ausgedrückt – mehr als konservativ. Selbstverständlich hielt sie sich mit ihren Äußerungen über die Rolle der Frau in der christlichen Familie, über Geburtenkontrolle und Abtreibung streng an die Richtlinien des Papstes und damit der katholischen Kirche, weil ihre Papsttreue unabänderlicher Bestandteil ihres Glaubens war. 1975 wurde Mutter Teresa vom Vatikan auf die Internationale Frauenkonferenz der Vereinten Nationen in Mexiko geschickt, um dort den Standpunkt der katholischen Kirche publikumswirksam zu vertreten. Das erklärte Ziel der Konferenz war die Durchsetzung der Gleichberechtigung und der Rechte der Frauen. Mutter Teresa dagegen erklärte, die Aufgabe der Frau sei es, ein glückliches Heim für ihren Mann und die Kinder zu schaffen. Die höchste Berufung einer Frau sei die Mutterschaft. Selbst bei vielen katholischen Frauen stießen diese Ansichten auf Ablehnung, wesentlich vehementer war die Kritik aus dem Lager der Feministinnen. Hier konnte es keine Übereinstimmung geben: Eine Auflösung der traditionellen Rollen innerhalb der Familie, Emanzipation und Scheidung waren Forderungen, die die katholische Kirche – und damit Mutter Teresa – nicht gutheißen konnte. »Wenn die Frau ihre Rolle zu Hause erfüllt, wenn Frieden in ihrer Umgebung ist, dann wird auf der Welt Frieden herrschen. Hier liegt die Aufgabe der Frau ...«, stellte Mutter Teresa klar. »Die Größe der Frauen liegt in ihrer Liebe zu anderen, nicht zu sich selbst.«

Während die Feministinnen für die Rechte der Frauen auf Selbstbestimmung und ein Entdecken und Ausleben der weiblichen Sexualität kämpften, war Mutter Teresa der Auffassung, dass Geschlechtsverkehr (selbstverständlich nur unter Eheleuten) ausschließlich dem Zeugen von Nachkommen dienen sollte. Kritisch sah Mutter Teresa auch die Vorstellung der absoluten Gleichheit der Geschlechter: »Ich verstehe nicht, warum manche Menschen behaupten, Männer und Frauen seien vollkommen gleich, und dabei die wundervollen Unterschiede zwischen Männern und Frauen verleugnen.«

> »Wir alle haben die Pflicht, Gott in der Weise zu dienen, wie wir uns berufen fühlen. Ich fühle mich berufen, Einzelnen zu helfen und mich nicht für Organisationen und Institutionen zu interessieren. Ich habe keine Lust, zu beurteilen oder auch zu verurteilen.«
>
> MUTTER TERESA

Man kann davon ausgehen, dass Mutter Teresa den Forderungen der Feministinnen ziemlich verständnislos gegenüberstand. Denn in ihren Augen spielte die Selbstverwirklichung der Frau einfach keine Rolle: Die Frau hatte liebende Ehefrau, Mutter, Friedensstifterin zu sein, und die Ehe war ein »einzigartiges Mittel zur Heiligung der Ehegatten und der christlichen Familie«. Der einzig gangbare Weg neben dem der Ehefrau war die Jungfräulichkeit als eine Art »geistige Mutterschaft«, und diesen Weg hatte Mutter Teresa (als »Braut Christi«) selbst gewählt.

Das perfekte Vorbild für Weiblichkeit war für die Ordensfrau zweifelsohne die Jungfrau Maria. Als die Kirche von England 1992 beschloss, dass auch Frauen zum Priester geweiht werden dürfen, wurde Mutter Teresa zu diesem Thema befragt. Die Einzige, die überhaupt jemals das Anrecht dazu gehabt hätte, Priester zu werden, sei die Jungfrau Maria gewesen, lautete ihre Antwort.

Spätestens seit ihrer Nobelpreisrede wusste die Öffentlichkeit, wie Mutter Teresa zum Thema Abtreibung stand: »Wenn eine Mutter ihr eigenes Kind töten kann, was hindert mich dann daran, Sie zu töten, oder Sie, mich umzubringen? Das macht keinen Unterschied.« Mit dieser Aussage folgte Mutter Teresa genau der offiziellen Argumentation der katholischen Kirche, wie sie in der Erklärung der Glaubenskongregation zur Abtreibung vom 18. November 1974 *(Quaestio de abortu procurato)* zu lesen ist: Die Aufgabe der Kirche sei die Verteidigung des Menschen »gegen all das …, was ihn zerstören und entehren« könne, und das erste Recht des Menschen sei das auf Leben. Man könne nicht auf der einen Seite die Todesstrafe und jeglichen Krieg ablehnen und auf der anderen Seite Abtreibungen hinnehmen. Das äußerte auch Mutter Teresa so: »Es liegt nicht an uns zu entscheiden, ob es besser ist, ob jemand geboren wird oder nicht. Nur Gott kann über Leben und Tod entscheiden.« Abtreibung sei deswegen eine so große Sünde, weil man damit »sein eigenes Ich über Gott« stelle: »Menschen entscheiden, wer leben und wer sterben soll. Sie wollen sich selbst zum Gott machen. Sie wollen die Macht Gottes in die eigenen Hände nehmen. Sie möchten sagen: ›Ich kann ohne Gott fertig werden. Ich kann selbst und ohne ihn entscheiden.‹ Das ist das Teuflischste, was eine menschliche Hand tun kann.«

Mutter Teresas Botschaft an die Menschen und die Regierungen in puncto Abtreibung war ganz eindeutig: »Wenn eine Nation ihre ungeborenen Kinder vernichtet, weil da Angst ist, dass man sie nicht in Wohlstand ernähren und erziehen kann, dann ist das die größte Armut.«

Ihre Äußerungen kamen nicht überall gut an. Aus dem Lager der Feministinnen kam harsche Kritik von der Schriftstellerin Germaine Greer, der nicht nur Mutter Teresas konservatives Frauenbild ein Dorn im Auge war, sondern die der Ordensfrau auch massive Vorwürfe hinsichtlich ihrer Arbeit machte: Als Bangladesch 1971 nach einem langen und blutigen Bürgerkrieg die Unabhängigkeit erlangte, war es zu zahllosen Vergewaltigungen von Mädchen und Frauen durch Soldaten gekommen. Mutter Teresa wurde kurz danach von der Regierung eingeladen und stieß laut Greer in der Stadt Dhaka auf folgende Zustände: »Man hatte 3000 nackte Frauen in den Armeebunkern gefunden. Ihre Saris hatte man ihnen weggenommen, damit sie sich nicht aufhängen konnten.« Die Schwangeren wurden gemäß der islamischen Sitte von ihren Familien verstoßen und waren auf sich allein gestellt. Statt diesen Frauen eine Abtreibung zu ermöglichen, »gab ihnen Mutter Teresa keine andere Wahl, als die Früchte des Hasses auszutragen«. »In ihrem Universum gab es keinen Platz für die moralischen Prioritäten anderer Menschen. Die Frage, ob man den leidenden Frauen eine Chance geben sollte, stellte sich ihr nicht.« Damit hatte sie zweifellos recht: Für Mutter Teresa wäre ein Schwangerschaftsabbruch auch im Fall einer Vergewaltigung niemals eine

Karl-Heinz Böhm und Mutter Teresa machten sich beide Sorgen wegen der großen Armut in Äthiopien. Sie trafen sich 1985 in der Niederlassung der Missionarinnen in Addis Abeba. Wie Mutter Teresa knapp 30 Jahre vor ihm wurde Böhm als Gründer der Stiftung »Menschen für Menschen« im Jahr 2007 der hochdotierte Balzan-Friedenspreis verliehen.

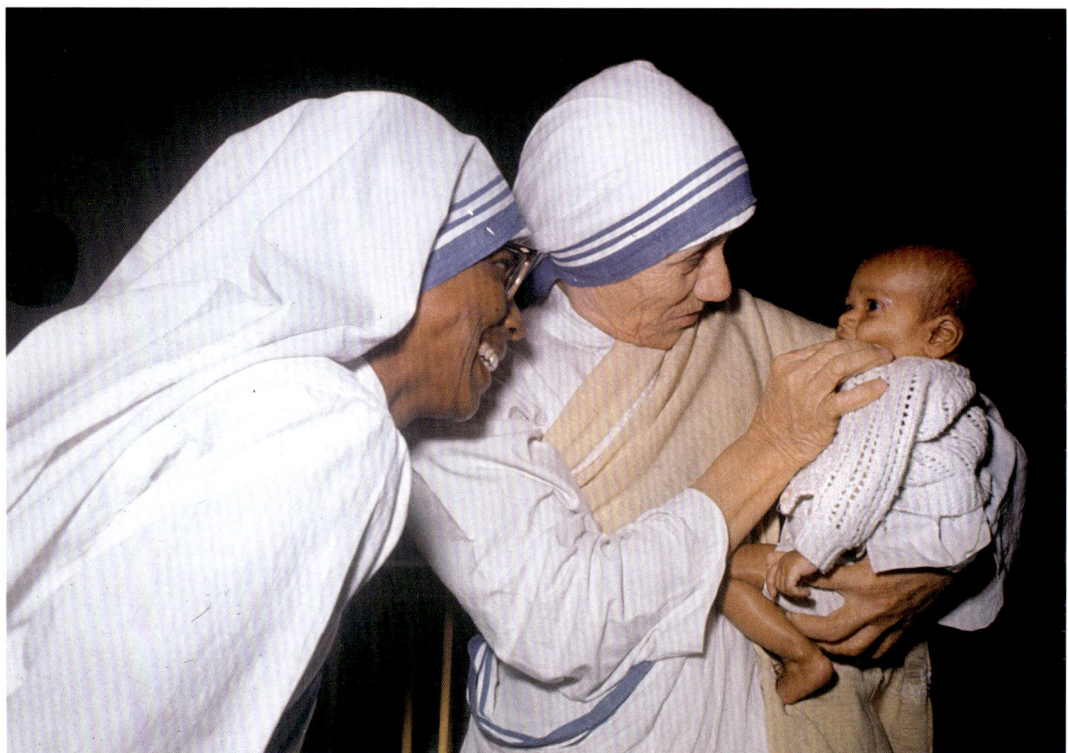

Die einzig akzeptable Art, das rasante Bevölkerungswachstum in den Entwicklungsländern zu verlangsamen, war für Mutter Teresa die Enthaltsamkeit. Empfängnisverhütung oder gar Abtreibung waren in ihren Augen sündhaft und gegen den Glauben der Kirche. »Jedes Kind ist kostbar«, sagte sie.

Lösung gewesen. Stattdessen tat sie das, was sie für richtig hielt: Sie eröffnete in Dhaka und in anderen Orten in Bangladesch Ordensniederlassungen und bot diesen Frauen und Mädchen dort eine Bleibe an.

Ähnlich konsequent – oder unbeirrbar – war Mutter Teresa in ihrer Meinung bezüglich Empfängnisverhütung, einem aktuellen Thema nicht nur in der westlichen Welt, sondern vor allem in den Entwicklungsländern und in Indien. Die katholische Kirche stand diesem Thema von jeher ablehnend gegenüber. Seit 1880 wurde in verschiedenen Enzykliken des Vatikans Ehepaaren die Erlaubnis erteilt, an den fruchtbaren Tagen der Frau Enthaltsamkeit zu üben. Nur diese Art der sogenannten »natürlichen Empfängnisverhütung« war für die katholische Kirche zulässig, andere Verhütungsmethoden wurden nicht geduldet (natürlich auch nicht Kondome zur Verhütung oder als Schutz vor Ansteckung mit Aids).

In ihrer Nobelpreisrede 1979 erzählte Mutter Teresa, wie die Schwestern ihres Ordens den Armen auf der Straße diese »natürliche Methode des Verzichts« beibrachten, und zog eine fragwürdige Bilanz: In sechs Jahren sollen allein in Kalkutta durch das Erlernen der Temperaturmethode 61 273

Babys weniger auf die Welt gekommen sein. Ein Jahr zuvor hatte sie in einem Brief an den amtierenden indischen Premierminister ähnliche Zahlen genannt: Hier war von bisher 11 701 Hindu-Familien, 5568 muslimischen und 4341 christlichen Familien die Rede, die durch das Zutun der Missionarinnen der Nächstenliebe keinen ungewollten Nachwuchs bekommen hätten, das wären dann annähernd 60 000 Babys weniger.

Wie kommt sie auf diese Zahlen?, fragten sich viele. Denn die Missionarinnen der Nächstenliebe führten sicher keine Statistik über das Verteilen von Temperaturtabellen. Einer ihrer wortstärksten Kritiker, Aroup Chatterjee, der in Kalkutta aufgewachsen war, stellte noch weitere unangenehme Fragen: Wie sollten die ungebildeten Menschen auf den Straßen Kalkuttas überhaupt in der Lage gewesen sein, Englisch beschriftete Temperaturtabellen zu lesen? Wie könne Mutter Teresa behaupten, sie kenne nicht eine Frau unter den Ärmsten der Armen, die eine Abtreibung durchführen ließ, während der Autor selbst in seiner Zeit als Assistenzarzt am Calcutta Medical College Hospital eine Vielzahl Abtreibungen miterlebt hatte, auch an »very poor women«? Vielleicht verschloss Mutter Teresa manchmal wirklich die Augen vor der Realität bzw. neigte zur selektiven Wahrnehmung? Chatterjees Fragen wurden nie beantwortet.

Ein weiterer Kritikpunkt waren die Zustände in den Pflegehäusern von Mutter Teresas Orden. Das Sterbehaus *Nirmal Hriday* in Kalkutta wurde nicht nur zum Aushängeschild des Ordens der Missionarinnen der Nächstenliebe, sondern geriet auch ins Kreuzfeuer der Kritik. Von Anfang an arbeiteten viele Freiwillige dort, darunter auch Krankenschwestern und Ärzte. Einige von ihnen rügten die Zustände in den Sterbehäusern und warfen den Ordensschwestern vor, sie würden weder genug auf Hygienemaßnahmen achten noch die notwendige medizinische Versorgung bieten. Die eingelieferten Kranken würden vom Nächstbesten begutachtet und diagnostiziert werden, und es sei reiner Zufall, ob es sich dabei um eine kompetente Person handelte. Diese Vorwürfe waren sicher berechtigt. Tatsächlich gab es im Sterbehaus keinen fest angestellten Arzt, und Mutter Teresa lehnte auch moderne medizinische Gerätschaften prinzipiell ab. Sie wollte keine Einrichtung für kranke Menschen, sondern wollte den Todkranken ein menschenwürdiges Sterben durch emotionale Unterstützung und Begleitung ermöglichen.

Vielleicht hätten bei exakter medizinischer Diagnose und raschem Handeln einige der Menschen wirklich noch nicht sterben müssen? Vielleicht wäre es humaner gewesen, die Leiden der Todkranken durch geziel-

> »Auf mich hat sie gar nicht gewirkt. Aber sie hat sich immer gut und imagegerecht verkauft. Das ist das, was man ihr lassen muss: Sie hat ihre Chance erkannt und das Beste daraus gemacht.«
>
> AROUP CHATTERJEE

Als Papst Johannes Paul II. im November 1999 Indien besuchte, gingen radikale Hindus (organisiert von Anhängern des sogenannten »Welthindurates«, VHP) auf die Straße und warfen dem Pontifex »Massenmissionierung« vor. Im gleichen Jahr war es im indischen Bundesstaat Orissa zu Übergriffen von Hindus gegen die christliche Minderheit gekommen.

teren Einsatz von Schmerzmitteln zu lindern statt mit tröstenden Worten? Die Ordensschwestern handelten so, wie sie es gelernt hatten: im blinden und absoluten Vertrauen in Gott – der wird es schon richten. Ihre Aufgabe war es, die Patienten zu umsorgen, ihre Beschwerden so weit wie möglich zu lindern und ihnen bei ihrem letzten Gang zu helfen.

Eine Krankenschwester, die als Freiwillige in einem der Sterbehäuser des Ordens gearbeitet hatte und sich sehr kritisch über die Zustände dort geäußert hatte, stellte fest, dass der Akt des Sterbens dort erstaunlich friedlich verlief: »Die Spiritualität schien eine höhere Bedeutung zu haben, die die physiologischen Defizite überdeckte.«

Die Kritik am Zustand der Sterbehäuser dürfte an Mutter Teresa abgeprallt sein, und zeitlebens ignorierte sie alle Verbesserungsvorschläge von außen. Weder wurden die Ordensschwestern anders ausgebildet, noch wurden irgendwelche Veränderungen innerhalb der Sterbehäuser vorgenommen. Der britische Arzt Dr. Jack Preger, der eine Zeit lang für die Missionarinnen gearbeitet hatte, stellte fest, dass die Häuser des Ordens »in einem Stil geführt werden, der vor 200 Jahren in britischen Armenhäusern üblich war«.

Auch diese Feststellung ist an Mutter Teresa vermutlich spurlos vorübergegangen, denn aus ihrer Sicht war es nicht die Aufgabe der Ordensschwestern, Kranke zu pflegen oder Sozialdienste zu leisten. »Wir sind Nonnen«, stellte sie schlicht fest. Das Wichtigste an der Arbeit der Nonnen sei es, mit viel Liebe die Ärmsten der Armen als Repräsentanten des gekreuzigten Jesus zu pflegen. Außerdem bedeute Leiden Nähe zu Gott. Fest angestellte Ärzte, medizinische Geräte, Schmerz- und Betäubungsmittel, Sterilisierung von Nadeln, ein Fahrstuhl im Haus – das alles waren aus Mutter Teresas Sicht Dinge, die für die Betreuung der Ärmsten der Armen nicht zulässig waren. Nur durch den Einsatz bescheidenster Mittel bei der Arbeit würden die Ordensschwestern für die Allerärmsten erreichbar bleiben. Das war für viele der Kritiker ein völlig unverständlicher Standpunkt, denn hatte der Orden nicht jedes Jahr Spendeneinnahmen in Millionenhöhe, mit denen er gerade den Armen die beste medizinische Versorgung hätte bieten können?

»Mutter Teresa: Wo sind Ihre Millionen?«, fragte die deutsche Zeitschrift *Stern* am 10. September 1998, ein Jahr nach dem Tod der Ordensfrau. Diese Frage stellten sich viele, und bis heute kann – oder will sie niemand beantworten. Die genaue Höhe der Spendeneinnahmen des Ordens der Missionarinnen der Nächstenliebe kann bis heute nicht bestimmt werden. Es gibt

Der britische Arzt Jack Preger arbeitete als Freiwilliger im Sterbehaus *Nirmal Hriday*. Später übte er harsche Kritik an den dortigen Zuständen: »Viele der Sterbenden dort müssten im medizinischen Sinn nicht sterben.« Er verstand nicht, warum einer der »reichsten Orden der Welt« nicht bereit war, die dort herrschenden Zustände zu verbessern.

aber Schätzungen aus Kirchenkreisen, dass an die 30 bis 50 Millionen Dollar jährlich an Spenden eingenommen werden.

Mutter Teresa selbst hielt sich immer sehr bedeckt, wenn es um die Finanzen ging, und ihr Orden blieb auch nach ihrem Tod dieser Linie treu. Ob das ein Versuch der Verschleierung war, wie viele behaupteten? Tatsache ist, dass für Außenstehende nicht nachvollziehbar war, was mit den hohen Spendensummen tatsächlich passierte. Die Ordensleute selber verbrauchten so gut wie kein Geld, denn sie lebten ja auf dem Niveau der Ärmsten. Die Häuser des Ordens wurden überwiegend von den zuständigen Stadtverwaltungen oder Kirchenoberhäuptern zur Verfügung gestellt, sodass auch hier keine hohen Kosten entstanden. Auch die Materialkosten für die Verpflegung der Armen hielten sich in Grenzen, da der Orden eine Vielzahl von Sachspenden erhielt. Es gab auch keinen großen Verwaltungsapparat, denn Mutter Teresa lehnte jegliche Bürokratie ab. Die gesamte Organisation des Ordens wurde in einem kleinen Raum im Mutterhaus des Ordens in Kalkutta abgewickelt: ohne Computer, ohne große Aktenschränke, nur mit alten Schreibmaschinen. Ein Zustand, der 1996 von einem Journalisten im *Spiegel* bestätigt wurde. Das mutet schon fast wie ein Wunder an. Schließlich sollen 2009 an die 5100 Ordensschwestern in 766 Niederlassungen weltweit tätig gewesen sein.

Wo blieben also all die Millionen? Landeten sie tatsächlich in den Kassen des Vatikans, wie viele behaupteten? Mutter Teresas Standpunkt war einfach: Geld taucht dann auf, wenn es aktuell benötigt wird und man fest genug dafür betet. Sie betonte immer wieder, dass sie regelmäßige Zahlun-

> »Teresa kümmerte es nicht, wen man hätte heilen können, sie wollte die Menschen nur beim Sterben begleiten. Sie war wie besessen vom Leid.«
>
> AROUP CHATTERJEE

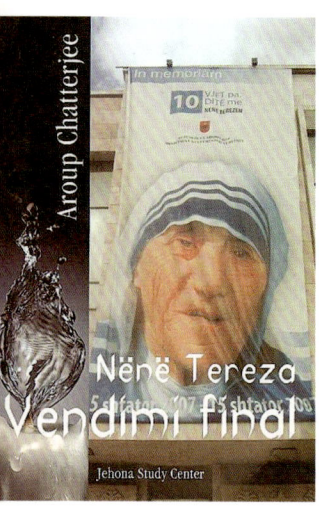

Aroup Chatterjees Buch »The Final Verdict« wurde vom Verlag Meteor Books mit den Worten beworben: »Was Mother Teresa for real, or was she 20th Century's biggest fairy tale?« (»War Mutter Teresa echt, oder war sie das größte Märchen des 20. Jahrhunderts?«) Teile des Buches sind im Internet zu lesen. Hier eine albanische Ausgabe.

»Achtet nicht auf die Zahlen, was wirklich zählt, sind die Menschen.«

MUTTER TERESA

gen und Einkünfte von Staatsführungen oder Institutionen ablehnte, denn »Daueraufträge bedeuten Sicherheit, ich aber will von Gottes Vorsehung abhängen«. Mit regelmäßigen Zahlungen hätte der Orden ein konstantes Einkommen, und das war unerwünscht, denn »feste Einkommen würden es uns ermöglichen, Programme zu entwerfen und Projekte zu planen, doch mit solchen Begünstigungen wären wir nicht mehr Kinder der Vorsehung«. Dies scheint auf den ersten Blick eine zweifelhafte Haltung bei einer Frau, die sich der Arbeit an den Ärmsten der Armen verschrieben hatte, und ist nur zu verstehen, wenn man sich in die Gedankenwelt der Mutter Teresa hineinversetzt. Aus ihrer Sicht waren es ihre Gebete, die die Offiziellen von Kalkutta dazu veranlassten, den Orden von Anbeginn an zu unterstützen. In den meisten Biografien werden die konkreten Hilfsmaßnahmen der indischen Regierung kaum erwähnt, z. B. die 150 000 Rupien, mit denen jedes Jahr das Aushängeschild des Ordens, das Sterbehaus *Nirmal Hriday* in Kalkutta, subventioniert wurde. Auch Entwicklungsgelder westlicher Nationen und Spenden internationaler Entwicklungshilforganisationen finden wenig Beachtung. Ins Blickfeld des Lesers wird eher die Tatsache gerückt, dass die Ordensschwestern auf die Spenden des Einzelnen angewiesen waren. Oder, wie es Mutter Teresa ausdrückte: »So leben wir von Liebesgaben, von Almosen, von kleinen Gesten der Liebe Tausender Menschen.«

Mag dies für die Anfangstage des Ordens gelten, trifft es doch für die folgenden Jahrzehnte nicht mehr zu. Mutter Teresa hatte von Anfang an gute Kontakte zur Stadtverwaltung von Kalkutta und zur ansässigen katholischen Kirche, und auch zu Wohlfahrtsverbänden in Europa bestanden bald gute Beziehungen: In England knüpfte vor allem die eifrige Ann Blaikie diese Netze, in Deutschland bestanden Verbindungen z. B. zu den Organisationen Missio, Misereor und dem Deutschen Caritasverband. Heute weiß man, dass von dieser Seite erhebliche Summen an Mutter Teresa und ihren Orden gespendet wurden. Missio in Aachen nennt etwa Zahlungen in Höhe von rund 1,8 Millionen Euro zwischen 1989 und 2005.

Auch wenn einige Zahlen bekannt sind, kann die Höhe der Spendeneinnahmen insgesamt nur geschätzt werden. Dazu kamen die zahlreichen Preisgelder, die Mutter Teresa in Verbindung mit ihren Auszeichnungen erhielt. Kritiker warfen Mutter Teresa vor, nicht nur die Herkunft und Höhe der Spenden sowie deren Einsatz zu verschleiern, sondern auch Geld von Diktatoren und Betrügern zu nehmen. Genannt wurden dabei immer wieder z. B. der haitianische Diktator Jean-Claude »Baby Doc« Duvalier und der rumänische Staatschef Nicolae Ceaușescu. Aufsehen erregte auch die Tatsache, dass Mutter Teresa eine hohe Spendensumme von dem umstrittenen Zeitungsmagnaten Robert Maxwell erhalten hatte, von dem bekannt wurde, dass er sich an den Pensionskassen seiner Unternehmen reichlich bedient hatte. Von dem kalifornischen Betrüger Charles Keating landeten rund 1,25 Millionen US-Dollar beim Orden der Missionarinnen der Nächstenliebe. Rund 250 Millionen Dollar hatte sich dieser von Banken erschwindelt, meist auf Kosten von Kleinsparern. Keating, überzeugter Christ und prominenter Anti-Pornografie-Kämpfer, war Mutter Teresa ein paar Mal begegnet. Als er verhaftet und Ende der 1980er-Jahre vor den Richter gestellt wurde, setzte sich Mutter Teresa beim zuständigen Gericht für ihn ein und bat in einem Brief um Milde für den Angeklagten. Staatsanwalt Paul Turley antwortete ihr und legte ihr genau dar, welcher Vergehen sich Keating schuldig gemacht hatte. Ob Mutter Teresa es denn nicht für angebracht hielte, das Geld des Betrügers zurückzugeben? Turley argumentierte dabei äußerst geschickt: »Fragen Sie sich, was Jesus tun würde ... wäre er in Besitz von Geld gekommen, das gestohlen worden ist. Ich behaupte, dass Jesus die gestohlene Habe sofort ... an den rechtmäßigen Besitzer zurückgeben würde.« Der Staatsanwalt erhielt nie eine Antwort von Mutter Teresa, das Geld von Keating war in den Kassen des Ordens verschwunden.

Tatsächlich nahm Mutter Teresa Geld von jedem, der es ihr anbot (nur eben nicht auf regelmäßiger Basis). Aus ihrer Sicht war das auch nicht weiter verwerflich, denn: »Der Herr schickt es.« Nicht eine politisch bedenkliche oder kriminelle Person gab ihr das Geld, sondern diese wurde durch Gott dazu veranlasst, das Geld an den Orden zu geben. Vielleicht bewirkte diese Spende ja auch, dass derjenige bereit war, sich zum Positiven zu ändern. Wer mag beurteilen, ob diese Haltung grenzenlosem Glauben oder grenzenloser Naivität entsprang? Oder war tatsächlich kühle Berechnung beteiligt? Keiner der Kritiker ging aber davon aus, dass sich die Ordensmitglieder selbst an den Spenden bereicherten oder sich dadurch irgendeinen Luxus gönnten. Das glaubte nicht einmal einer der boshaftesten Kritiker Mutter Teresas: Christopher Hitchens.

Mutter Teresa war 84 Jahre alt und körperlich bereits sehr geschwächt, als der britische Sender BBC einen Beitrag des Journalisten Christopher Hitchens ausstrahlte. Der Titel lautete »Hell's Angel«, und Hauptfigur war die Ordensfrau, die als »Engel von Kalkutta« bekannt war, sicher aber nicht als »Engel der Hölle«. Hitchens' Film basierte auf den Recherchen von Aroup Chatterjee, der selbst in Kalkutta aufgewachsen war und harsche Kritik am Orden Mutter Teresas übte. Sein Buch *The Final Verdict* wurde zwar erst 2003

Mutter Teresa machte keinen Unterschied zwischen den Menschen, die sie pflegte, und auch nicht bei denen, von denen sie Spenden für ihren Orden annahm. Zu den Geldgebern gehörte auch der haitianische Diktator Jean-Claude Duvalier, genannt »Baby Doc«.

»Keine ihrer Einrichtungen war je groß genug, um wirklich Zehntausende zu versorgen, wie sie erzählte. ... Jede einheimische und ausländische Organisation hat mehr geholfen.«

AROUP CHATTERJEE

Der schärfste und boshafteste Kritiker der Ordensfrau: Christopher Hitchens.

komplett veröffentlicht, doch standen Hitchens für seinen Film bereits Teile davon zur Verfügung.

Einer der Hauptvorwürfe Chatterjees war, dass Zahlen, die von Mutter Teresa genannt wurden, in keiner Weise der Realität entsprachen, sondern maßlos übertrieben waren. Ging es z. B. um die Anzahl der Hilfebedürftigen, die von den Ordensfrauen jeden Tag in Kalkutta mit Essen versorgt wurden, so sprach die Ordensfrau manchmal von 4000, dann wieder von 7000 oder sogar 9000 Menschen. Tatsächlich, so Chatterjee, wären für eine solche Anzahl Bedürftiger aber keine Kapazitäten vorhanden gewesen, und es könnten allerhöchstens 500 Menschen versorgt werden. Ähnliche Ungenauigkeiten und Widersprüche stellte Chatterjee in mehreren Bereichen fest, so etwa wenn es um die Zahl der Babys ging, die in Kalkutta weniger geboren wurden aufgrund der Methode der natürlichen Verhütung, die die Missionarinnen den Armen beibrachten. Tatsächlich wurden diese Zahlen sowohl von den zahllosen Biografen als auch von den Medien niemals hinterfragt.

Was immer Mutter Teresa dazu bewogen haben mag, mit Zahlen so sprunghaft umzugehen und sich teilweise selbst zu widersprechen, nicht einmal die kritischen Autoren unterstellten ihr dabei eine böse Absicht. Die von ihr genannten Zahlen orientierten sich laut Chatterjee eher an (passenden) Bibelgeschichten als an der Realität. Das Problem war aber, dass

»Und was mit den Geldern auf der Vatikanbank geschieht, ist so geheim, das darf nicht einmal der liebe Gott wissen.«

Auszug aus einem *Stern*-Artikel

die Öffentlichkeit jedes Wort von Mutter Teresa für bare Münze nahm. Wenn Mutter Teresa also bei der Nobelpreisrede sagte, ihre Ordensschwestern hätten von den Straßen Kalkuttas 36 000 Menschen aufgelesen, dann wurde das im Allgemeinen kritiklos hingenommen. Nicht aber von Chatterjee, der behauptete, dass die Nonnen weder die Armen von der Straße auflesen noch bei (fingierten) Anrufen jemanden von der Straße holen würden. Zwar hätte der Orden die dafür nötigen Fahrzeuge gehabt, er würde sie aber nicht dazu einsetzen.

Die Liste der Vorwürfe ging weiter: Sehr wohl würde man Nonnen in Geschäften sehen, obwohl dies immer verneint werde. Und die meisten Schwestern in Kalkutta kämen aus dem Süden Indiens und wären aufgrund der unterschiedlichen Dialekte gar nicht in der Lage, mit den sterbenden Menschen zu kommunizieren.

Hitchens benutzte in seinem Film u. a. diese Informationen Chatterjees, um das »Idol der Nächstenliebe« Stück für Stück zu demontieren. Er selbst hatte Mutter Teresa 1980 in einem ihrer Häuser in Kalkutta besucht und war offensichtlich von ihrem Werk dort nicht sonderlich beeindruckt. Der für seine Scharfzüngigkeit bekannte Hitchens sparte damit auch nicht in seinem Film: Muggeridge, der Mutter Teresa überhaupt erst bekannt gemacht hatte, sei ein »alter Betrüger und Scharlatan«, der einen »Mythos« erschaffen habe, und Mutter Teresa selbst sei eine Glaubenseiferin und Fanatikerin, die im direkten Auftrag des Vatikans unterwegs war, um die Lehren der katholischen Kirche zu verbreiten. Auch andere Kritiker bestätigten diese Ansicht, dass die Ordensfrau »Teil einer Strategie« der Kirche sei und dass es sich bei Themen wie Abtreibung und Ablehnung der Geburtenkontrolle sehr wohl um politische Ziele handelte. Hitchens bezeichnete Mutter Teresa als »das Resultat einer gottlosen Ehe zwischen schreiendem Medienrummel und mittelalterlichem Aberglauben«. Auch ihr kritikloses Verhalten gegenüber diktatorischen Führern und Staaten nahm er bissig aufs Korn: »Für jemanden, dessen Königreich nicht auf dieser Welt zu finden ist, tut sich Mutter Teresa im Umgang mit den Herrschern, Kolonialherren und Mächtigen leicht.« Ein Jahr später krönte Hitchens seine Kritik noch mit einem Buch, das unter dem nicht gerade geschmackvollen Titel *Die Missionarsstellung: Mutter Teresa in Theorie und Praxis* erschien.

Mutter Teresa selbst kommentierte Hitchens' Film und Buch kaum. Sie war zu diesem Zeitpunkt bereits eine alte und kranke Frau, die Gedächtnislücken hatte und sich immer wieder in medizinische Behandlung begeben musste. Ihre schier unerschöpfliche Energie schien aufgebraucht zu sein.

> »Es ist unmöglich. Eine multinationale Organisation, deren Spendenaufkommen auf 50 Millionen Dollar geschätzt wird, kann so nicht verwaltet werden.«
>
> EIN JOURNALIST

Wunder gibt es immer wieder
DIE SELIGE MUTTER TERESA

Mutter Teresa konnte längst nicht mehr alle Reisen und Termine allein bewältigen, obwohl sie sich auch im hohen Alter noch als »äußerst reiselustig« bezeichnete. Anfang der 1990er-Jahre häuften sich ihre gesundheitlichen Probleme. Bereits 1983 war sie mit Verdacht auf Herzinfarkt in Rom in ein Krankenhaus eingeliefert worden, seit 1989 trug sie einen Herzschrittmacher. Bei einer der Untersuchungen war auch festgestellt worden, dass die Ordensfrau mit dem Malariaerreger infiziert war, der ihre Herzprobleme noch verschlimmerte.

> »Man erzählt mir, dass Gott mich liebt, jedoch ist die Realität von Dunkelheit und Kälte und Leere so überwältigend, dass nichts davon meine Seele berührt.«
>
> MUTTER TERESA

Auf ihren Wunsch hin wurde das für 1991 geplante Generalkapitel der Missionarinnen der Nächstenliebe auf den September 1990 vorverlegt. Zu diesem Zeitpunkt soll der Orden rund 3500 Mitglieder in ca. 420 Niederlassungen gehabt haben. Damit waren die Missionarinnen der Nächstenliebe bei Weitem nicht der größte katholische Nonnenorden (z. B. gab es an die 15 000 Don-Bosco-Schwestern und rund 12 000 Karmeliterinnen), aber – durch die Leitfigur Mutter Teresa – mit Abstand der bekannteste. 1990 hatte der Orden allein in der Sowjetunion fünf neue Niederlassungen gegründet, der kubanische Präsident Fidel Castro hatte weitere Ordenshäusern in seinem Land zugestimmt, und in Rumänien wurde es durch das Ende der kommunistischen Ära möglich, eine »Suppenküche« und ein Kinderheim zu eröffnen.

Gemäß den Statuten des Ordens sollte auf dem Generalkapitel alle sechs Jahre eine Generaloberin gewählt werden, und eigentlich war nur eine Wiederwahl vorgesehen. Mutter Teresa hatte auf jedem Treffen ihren Rücktritt angeboten, war aber immer wieder gewählt worden. Obwohl sie sich den Aufgaben nicht mehr gewachsen fühlte, wurde sie auch diesmal wiedergewählt, denn die Ordensschwestern taten sich nach wie vor schwer, jemanden anderen in dieser Rolle zu sehen. Schon in den Jahren davor hatten sich die Schwestern vor den Wahlen hilfesuchend an den Jesuitenpater van Exem gewandt, Mutter Teresas engem Vertrauten, der bei fast allen Wahlen zur Generaloberin anwesend war. Wer sollte Mutter Teresa als Leitfigur ersetzen können?

Trotz ihrer schlechten körperlichen Verfassung – schließlich war sie inzwischen 81 Jahre alt – nahm die Generaloberin neben den anderen Aufgaben auch ihre umfangreiche Reisetätigkeit wieder auf. Zwei Jahre zuvor hatte sie auf die Frage, warum sie sich nicht ein bisschen mehr Ruhe gönne, geantwortet: »In der Ewigkeit ist genug Zeit, um auszuruhen. Hier gibt es so

Für Lady Diana konnte Mutter Teresa leider kein Wunder bewirken, ihre Ehe mit dem britischen Kronprinzen Charles scheiterte. Doch schien die beim Volk so beliebte Prinzessin bei der Ordensfrau Trost gefunden zu haben.

viel zu tun ...« Doch auch ihre Energie hatte Grenzen. 1991 erkrankte sie erneut und musste einige Wochen im Krankenhaus in Rom bleiben, dort schien ihre Rastlosigkeit jedoch eher noch zu- als abzunehmen. In Rom kam es auch zur ersten von den Medien viel beachteten Begegnung zwischen Mutter Teresa und der englischen Prinzessin Diana. Die beiden trafen sich noch zwei Mal, diesmal im Ordenshaus im Londoner Stadtteil Kilburn. Fotos der beiden äußerlich so unterschiedlichen Frauen gingen um die Welt, und in den Medien wurde wild darüber spekuliert, welche Ratschläge Mutter Teresa wohl der nach ihrer gescheiterten Ehe so unglücklichen Prinzessin Diana gab.

1993 konnte nur eine Herzoperation Mutter Teresa vor dem Tod retten, und diesmal dauerte es deutlich länger, bis sie sich einigermaßen erholte. Ihre letzten Lebensjahre waren gekennzeichnet von körperlichen Leiden – immer wieder zog sie sich bei diversen Stürzen Verletzungen zu – und der Erkenntnis ihrer Umwelt, dass sie Gedächtnislücken hatte und teilweise nicht mehr zugänglich war. Mutter Teresa zeigte so gut wie keine Reaktion auf die zunehmend kritischen Stimmen zu ihrem Werk oder auf Christopher Hitchens vehemente Vorwürfe. Vermutlich war sie dazu einfach nicht mehr in der Lage. 1993 musste Mutter Teresa von ihrem jahrelangen geistlichen Führer Pater van Exem Abschied nehmen, und 1996 starb Ann Blaikie. Immer wieder rappelte sich die inzwischen 86-Jährige auf. Sie reiste zwei Mal nach

»Bitte vernichten Sie alle Papiere, die ich Ihnen gebe.«

MUTTER TERESA

1997 musste Mutter Teresa im Alter von 87 Jahren ihr Amt als Generaloberin endgültig abgeben. Schwester Nirmala wurde ihre Nachfolgerin, übernahm aber nicht den Titel »Mutter« – der blieb für die Ordensgründerin reserviert.

»Ich habe den Tod mein ganzes Leben gesehen. Niemand um mich herum starb schlecht.«

MUTTER TERESA

China in der Hoffnung, endlich auch dort die Missionarinnen der Nächstenliebe etablieren zu können – vergeblich.

Als sich im März 1997 die 120 leitenden Schwestern des Ordens zum nächsten Generalkapitel trafen, war klar, dass Mutter Teresa ihr Amt als Generaloberin abgeben musste. Zur Nachfolgerin wurde die 63-jährige Schwester Nirmala gewählt. Sie ließ verlauten, dass die Arbeitsweise des Ordens genau die gleiche bliebe. »Wir werden den Armen dienen. Warum sie arm sind, kümmert uns nicht.«

Im gleichen Jahr ging Mutter Teresa – entgegen ärztlichen Ratschlägen – erneut auf Reisen, zuerst nach Rom, dann in die USA, um dort der Profess einiger ihrer Schwestern beizuwohnen und die höchste zivile Auszeichnung der USA, die Goldene Ehrenmedaille des Kongresses, entgegenzunehmen.

Im Juli 1997, zurück in Kalkutta, soll Mutter Teresa gesagt haben: »Meine Arbeit ist getan«, was von ihren Biografen als Todesahnung gedeutet wurde. Die Schwestern berichteten, sie sei »extrem glücklich, fröhlich, optimistisch und gesprächig« gewesen zu diesem Zeitpunkt. Mutter Teresa fürchtete den Tod nicht, denn sterben war nichts anderes als »zu Gott heimkehren«. Und vom Himmel aus, so tröstete sie ihre Schwestern, könne sie noch viel besser wirken als zu ihren Lebzeiten auf Erden: »Dann wird Mutter jeder Einzelnen von Euch mehr helfen, Euch mehr führen und mehr Gnaden für Euch gewinnen können.«

Am 5. September 1997 starb Mutter Teresa. Kurz vor ihrem Tod soll sie noch einem Exorzismus unterzogen worden sein, berichtete später der Erzbischof von Kalkutta, Henry D'Souza. Dieser war zu diesem Zeitpunkt selbst als Patient im Krankenhaus in Behandlung und hatte denselben Arzt wie Mutter Teresa. Nachdem er beobachtete, dass die Ordensfrau nachts sehr unruhig war, empfahl er ihr, einen Priester kommen zu lassen, der ein »Gebet der Teufelsaustreibung« sprechen sollte. Nach diesem Gebet soll ihre Unruhe beseitigt gewesen sein. Diese Begebenheit kam erst 2001 in die Öffentlichkeit, erregte aber keine große Aufmerksamkeit, nachdem sich viele führende katholische Geistliche dazu eher skeptisch geäußert hatten. Erzbischof D'Souza selbst betonte, es habe sich ja auch nur um einen sogenannten »kleinen Exorzismus« in Form eines Gebets gehandelt, und das Ganze sei vor allem ein weiterer Beleg für Mutter Teresas außergewöhnliche Gläubigkeit.

Ungeachtet aller ärztlichen Ratschläge ging Mutter Teresa immer wieder auf Reisen. Ihre Begründung: »Es gibt noch so viel zu tun.«

Das Staatsbegräbnis, das Mutter Teresa durch die indische Regierung zuteil wurde, fand auf der einen Seite weltweit Beachtung, auf der anderen Seite rief es erneut den Ärger vieler Hindus wach, weil einer katholischen Missionarin solch eine Ehre zuteil wurde. Das Begräbnis fand am 13. September 1997 unter Beteiligung bedeutender politischer Prominenz statt. Als Stellvertreter der katholischen Kirche fungierte der persönliche Vertreter von Papst Johannes Paul II., Kardinal Angelo Sodano, der der Menge erklärte: »Sie hat diese Welt etwas gelehrt: Es ist heiliger zu geben denn zu nehmen.«

Mutter Teresa wurde zeitlebens schon als Heilige bezeichnet. Sie selbst hatte geschrieben: »Wenn ich jemals eine Heilige werde – dann ganz gewiss eine Heilige der Dunkelheit.« Bis zu ihrem Lebensende hatte sie die »Dunkelheit« als ihre »Gefährtin«, doch konnte sie im Lauf der Jahre immer besser damit umgehen. Sie wusste, dass sie mit ihrem Leiden nicht allein war, sondern dass viele andere vor ihr damit gekämpft hatten. Je mehr diese Erkenntnis in ihr heranreifte, desto seltener wurden die verzweifelten Briefe. Doch auch im hohen Alter suchte sie noch Rat und spirituelle Leitung, z. B. im Gespräch mit William Curlin, dem Bischof von Charlotte im US-Bundesstaat North Carolina, dem sie 1995 begegnete. Dieser berichtete von diesem Treffen: »Als ich ihr vorschlug, ihre spirituelle Trockenheit Gott als ein besonderes Geschenk aufzuopfern, reagierte sie begeistert. Sie wiederholte mehrere Male: ›Was für ein wundervolles Geschenk von Gott, Jesus die Leere aufopfern zu können, die ich empfinde‹ ...«

Erzbischof Henry D'Souza bat bereits einige Wochen nach Mutter Teresas Tod, das kirchenrechtliche Verfahren der Heiligsprechung zu begin-

»Die ganze Welt braucht Sie. Also gehen Sie bitte ins Krankenhaus und ruhen Sie sich aus.«

PAPST JOHANNES PAUL II. ZU MUTTER TERESA

Am 5. September 1997 starb Agnes Bojaxhiu alias Mutter Teresa. Es folgte ein offizielles Staatsbegräbnis im großen Stil, das bei vielen indischen Hindus auf Unverständnis stieß.

nen, und entgegen den geltenden Regeln (die eine Wartezeit von fünf Jahren vorsehen) stimmte der Vatikan bereits im Oktober 1997 zu. Eine Kommission unter Führung von Pater Brian Kolodiejchuk, selbst Missionsbruder der Nächstenliebe, nahm im Juli 1999 die Arbeit auf, die aus dem Zusammentragen von biografischen Informationen sowie schriftlichen und mündlichen Zeugnissen von Zeitgenossen und der Verstorbenen selbst bestand.

Rein statistisch standen die Chancen – zunächst einer Seligsprechung als Vorstufe zur Heiligsprechung – nicht schlecht, denn unter dem Pontifikat von Johannes Paul II. (1978–2005) wurden insgesamt 1268 Menschen selig- und 483 heiliggesprochen. Das waren deutlich mehr als in vier Jahrhunderten zuvor. Allein 1997 arbeitete die im Vatikan zuständige Kongregation an 1500 Kanonisierungsverfahren. Die vom Vatikan angesetzten Kosten dafür – etwa 250 000 Euro pro Verfahren – werden normalerweise vom Antrag stellenden Orden oder der Diözese aufgebracht.

Die Kommission unter Pater Kolodiejchuk musste nicht nur nachweisen, dass Mutter Teresa ein vorbildliches Leben nahe an Gott geführt hatte, für die Seligsprechung war auch noch ein Wunder – meist in Form einer wundertätigen Heilung – vonnöten. Nach zwei Jahren wurden über 80 Bände mit jeweils 450 Seiten bei der Kongregation für die Selig- und Heiligsprechung im Vatikan eingereicht. Nicht nur Wohlwollende waren befragt worden, sondern auch Kritiker wie Christopher Hitchens und Aroup Chatterjee kamen als Gegenstimmen zu Wort. Chatterjee hatte in der Diözese von Westminster Fragen zu Mutter Teresa auf der Basis seiner Recherchen beantwortet. In einem Interview mit der *Frankfurter Rundschau* im September 2007 wurde er gefragt, ob er glaube, damit auf das Kanonisierungsverfahren irgendeinen Einfluss genommen zu haben. Chatterjee verneinte das, denn für ihn war offensichtlich, dass der kranke Papst Johannes Paul II. »Mutter Teresa auf jeden Fall vor seinem Tod seligsprechen« wolle. Er sei damit zufrieden, dass nun immerhin seine Recherchen offiziell protokolliert wurden und sich als Material in den Archiven befanden. Bedauerlicherweise sind die Inhalte der Befragungen und gelieferten Zeugnisse nicht für die Öffentlichkeit zugänglich und werden es in absehbarer Zeit auch nicht sein. (2003 veröffentlichte Aroup Chatterjee jedoch sein Buch *The Final Verdict* mit dem gesamten Inhalt seiner Recherchen.)

Während der Nachweis eines tugendhaften und gläubigen Lebens bei Mutter Teresa nun wirklich einfach war, dauerte es bis Mitte 2002, ein passendes Wunder aufzustöbern. Schließlich wurde man im Fall der vermeintlich todkranken Inderin Monika Besra fündig, die an Magenkrebs gelitten haben und nach Auflegen einer Medaille von Mutter Teresa binnen kurzer Zeit genesen sein soll. Während sich der Vatikan nach Prüfung durch zwei Theologen relativ rasch für den Beleg einer Wunderheilung aussprach, bezweifelten viele die Geschichte: Es habe sich keineswegs um ein tödliches Krebsgeschwür gehandelt, sondern um eine Zyste, die sich dank Medikamenten zurückgebildet habe, so der behandelnde Arzt. Dies bestätigte zunächst auch der Ehemann, der auch mitteilte, die ärztlichen Unterlagen seien ihnen von den Ordensschwestern abgenommen worden. Später schwenkte er um und betonte: »Es war Mutter Teresas Wunderheilung, die meiner Frau geholfen hat. Nun erhalten meine Kinder und ich mithilfe der Nonnen eine Ausbildung, und ich konnte es mir leisten, ein kleines Stück Land zu kaufen ...« In der Öffentlichkeit wurde die Wunderheilung eher skeptisch gesehen.

Ungeachtet aller Kritik sprach Papst Johannes Paul II., dem man ein außergewöhnlich gutes Verhältnis zu Mutter Teresa nachsagte, am 19. Oktober 2003 im Rahmen seines 25-jährigen Amtsjubiläums Mutter Teresa selig

Brian Kolodiejchuk, Missionar der Nächstenliebe und Postulator im Seligsprechungsprozess, mit seinem Buch *Komm, sei mein Licht: Die geheimen Aufzeichnungen der Heiligen von Kalkutta* (erschienen 2007).

Am 19. Oktober 2003 wurde Mutter Teresa nach dem schnellsten Seligsprechungsprozess der Neuzeit von Papst Johannes Paul II. in den Stand einer Seligen erhoben.

– bereits sechs Jahre nach dem Tod der Ordensfrau. Damit war dies die schnellste Seligsprechung der Neuzeit, und der erste Schritt in Richtung Heiligsprechung war vollzogen.

Das Oberhaupt der katholischen Kirche selbst war zu diesem Zeitpunkt bereits so krank, dass er die Ansprache vor Hunderttausenden von Christen nicht mehr selbst halten konnte und sie vorgelesen wurde. Er nannte Mutter Teresa eine »Ikone des guten Samariters« und eine »der bedeutendsten Persönlichkeiten unserer Epoche«. Der Papst würdigte ihr Lebenswerk und erläuterte die Triebkraft ihres Tuns: »Den Durst Jesu nach Liebe und nach Seelen in Vereinigung mit Maria, der Mutter Jesu, zu stillen, wurde das alleinige Ziel von Mutter Teresas Leben und die innere Kraft, die sie über sich selbst hinauswachsen und über den Globus ›eilen‹ ließ ...« Sie führte Seelen zu Gott und brachte Gott zu den Seelen.

Nach der Seligsprechung wurde es wieder ruhiger um Mutter Teresa. Allgemein wurde angenommen, dass bald eine Heiligsprechung erfolgen würde. Allerdings war dazu ein zweites Wunder nötig, und bis heute scheint man nicht fündig geworden zu sein. Pater Brian Kolodiejchuk, Postulator im Kanonisierungsverfahren: »Wir haben einige geprüft, aber keines war eindeutig genug. Wir haben eines für die Seligsprechung, aber wir warten auf das zweite ...«

Der Pater selbst war es, der Mutter Teresa im Jahr 2007 erneut ins Licht der Öffentlichkeit rückte. In seinem Buch *Komm sei mein Licht. Die geheimen Aufzeichnungen der Heiligen von Kalkutta* veröffentlichte er auf über 400 Seiten bislang unbekannte Briefe der Ordensfrau und kommentierte diese. Kolodiejchuk waren diese Zeugnisse in die Hände gefallen, als er Material für den Seligsprechungsprozess sammelte.

Obwohl Mutter Teresa zeit ihres Lebens darum gebeten hatte, alle von ihr verfassten Briefe zu vernichten, hatten einige ihrer engsten Vertrauten – darunter der damalige Erzbischof von Kalkutta, Périer, und ihr langjähriger geistlicher Führer Pater Neuner – ihre Briefe doch aufgehoben. Einige von ihnen hatte Pater Kolodiejchuk schon 2001 im *Journal of Theological Reflection* veröffentlicht, doch beinahe zeitgleich fanden die Terroranschläge auf das World Trade Center in New York City statt, und die Medien konzentrierten sich wochenlang so gut wie ausschließlich darauf. 2007 dagegen sorgte die Veröffentlichung als Buch für Schlagzeilen: »Der ›Engel der Armen‹ hatte Glaubenszweifel« *(The Epoch Times Deutschland)*, »Mutter Teresa fiel fast vom Glauben ab« *(Die Welt)* oder »Keine Liebe, kein Glaube« *(Die Zeit)* lauteten typische Überschriften in der deutschen Presse.

Zu Beginn der christlichen Zeitrechnung entschied das Volk darüber, wer ein außergewöhnlich tugendhaftes Leben nahe an Gott geführt hatte, also als Heiliger zu gelten hatte. Ab dem 10. Jahrhundert beanspruchten die Päpste das Recht zur Heiligsprechung für sich. (Die erste ihrer Art nach dieser Änderung soll die des Ulrich von Augsburg am 3. Februar 993 durch Papst Johannes XV. gewesen sein.) Für die Heiligen wurde ein amtliches Verzeichnis angelegt, das »Martyrologium Romanum«, dessen erste offizielle Ausgabe auf das Jahr 1584 datiert wird. Seit Dezember 2004 existiert eine vom Vatikan überarbeitete Version, in der auf 844 Seiten mehr als 6600 bekannte und mehr als 7000 namentlich nicht bekannte Selige und Heilige aufgeführt werden.

Heute ist die Heiligsprechung ein kirchenrechtliches Verfahren in der römisch-katholischen Kirche, das »Kanonisierung« (von griechisch kanōn = Richtschnur) genannt wird. Der erste Schritt zur Heiligsprechung ist die Seligsprechung (Beatifikation). Das Procedere entspricht in etwa dem der Heiligsprechung: Zunächst stellt eine Diözese oder ein Orden einen Antrag beim Papst auf Selig- bzw. Heiligsprechung einer bestimmten Person. Ist dieser Antrag prinzipiell genehmigt, wird ein sogenannter »Postulator« (lateinisch für Fürsprecher) vom Antragsteller berufen, der sämtliche Informationen über die entsprechende Person sammelt und das Ergebnis bei der »Kongregation für die Selig- und Heiligsprechungsprozesse« im Vatikan einreicht. Diese Instanz hat nun zu prüfen, ob eine Kanonisierung gerechtfertigt ist. Falls ja, ist der nächste Schritt der Beleg für das Vorhandensein eines Wunders bzw. einer Wunderheilung durch den Betreffenden (es sei denn, dieser ist als Märtyrer ums Leben gekommen). Die Ansprüche an dieses Wunder sind immer wieder Anlass zu Kontroversen, denn auf der einen Seite sollen die Vorfälle medizinisch geprüft werden, auf der anderen Seite wird gerade die Meinung von Fachleuten gerne ignoriert.

Ist auch das Wunder bestätigt, betritt der »Promotor Justitiae«, der »Förderer der Gerechtigkeit«, die Bühne (der bis 1983 noch »Advocatus diaboli« hieß, also »Anwalt des Teufels«). Seine Aufgabe ist es, die gesammelten Zeugnisse anzufechten und infrage zu stellen. Wenn bei der nachfolgenden Abstimmung eine Zweidrittel-Mehrheit für die Heiligsprechung stimmt, hat der Papst als letzte Instanz das Sagen. Erst nach der Selig- kann schließlich eine Heiligsprechung erfolgen, hierzu ist der Nachweis eines zweiten Wunders bzw. einer Wunderheilung vonnöten.

Die Seligsprechung der Ordensfrau anlässlich des 25-jährigen Amtsjubiläums von Papst Johannes Paul II. wurde von Tausenden von Gläubigen auf dem Petersplatz in Rom gefeiert.

Die Öffentlichkeit nahm verwundert zur Kenntnis, dass Mutter Teresa tiefe Glaubenszweifel hatte: »Tief in meinem Inneren ist nur Leere und Dunkelheit. Ich habe keinen Glauben ...«, war da zu lesen, und ihre Berichte von »Qualen« und »Dunkelheit« in ihrem Inneren wird manchen ihrer Bewunderer erschreckt haben. Ihr Lächeln sollte tatsächlich eine »Maske« gewesen sein, ein »Tuch, das alles bedeckt«?

Warum veröffentlichte ausgerechnet der Postulator in ihrem Heiligsprechungsprozess diese Geheimnisse, fragt man sich. Pater Brian Kolodiejchuk gab in seinem Buch selbst die Antwort, und zahlreiche Theologen bestätigten ihn in seiner Ansicht: Gerade durch ihre Glaubenszweifel zeige sich, dass sich Mutter Teresa in eine lange Reihe von Heiligen einreihen durfte, die allesamt mit ihrem Glauben haderten, so ihre Namenspatronin Thérèse von Lisieux und Johannes vom Kreuz. Auch Jesus habe dieses Gefühl der Verlassenheit am Kreuz schließlich durchlitten: »Mein Gott, mein Gott, warum hast du mich verlassen?« (Matthäus-Evangelium, 27,46). Die Leere in ihr bedeute nicht Gottesferne, sondern zeige ganz im Gegenteil eine besondere Nähe zu Jesus und eine sehr tiefe Verbundenheit zu ihm.

Für den Laien mag dieser Standpunkt nur bedingt nachvollziehbar sein, Tatsache ist aber, dass die Veröffentlichung dieser »geheimen Aufzeichnungen« das Ansehen der Ordensfrau nicht wirklich schmälerte. 2009 ergab eine Umfrage der BAT Stiftung für Zukunftsfragen bei deutschen 14- bis 29-Jährigen, dass Mutter Teresa auf der Liste der Vorbilder immer noch auf den ersten Plätzen zu finden ist (neben dem amerikanischen Bürgerrechtler Martin Luther King, dem indischen Freiheitskämpfer Mahatma Gandhi und dem Hitler-Attentäter Graf von Stauffenberg). Sie repräsentiert wie kaum eine andere Person Werte wie Nächstenliebe und Toleranz, fanden vor allem die weiblichen Jugendlichen.

Mutter Teresa selbst war davon überzeugt, dass ihr Orden und ihr Werk auch nach ihrem Ableben weiter von Bestand seien. Tatsächlich gibt der Orden der Missionarinnen der Nächstenliebe an, dass es nach wie vor eine Vielzahl von Anwärterinnen gebe, die den weißen Sari mit der blauen Borte tragen wollen. In Deutschland gewann der Orden der Missionarinnen der Nächstenliebe 2009 erneut an Popularität, als eine Deutsche, die gebürtige Mechthild Pierick, als Schwester Mary Prema zur zweiten Nachfolgerin Mutter Teresas als Generaloberin gewählt wurde.

> »Mutter hätte über das Begräbnis geschimpft. Aber sie hatte auch Humor und hätte vielleicht darüber gelacht.«
>
> EINE ORDENSSCHWESTER ÜBER MUTTER TERESAS BEISETZUNG

Mutter Teresas Lächeln bleibt erhalten – hier auf der Fassade des Petersdoms.

Suppenküchen und Kleiderkammern
MUTTER TERESA IN DEUTSCHLAND

»Wir folgen nicht Mutter Teresa, wir folgen Jesus«, sagte die neue Generaloberin der Missionarinnen der Nächstenliebe, Schwester Mary Prema, im Frühjahr 2010 zu einer Gruppe Journalisten. Das hört sich im ersten Moment revolutionär an – ist es aber nicht. Denn Schwester Prema war auf eine mögliche Heiligsprechung der Ordensgründerin angesprochen worden und entgegnete, dass das für den Orden und seine Mitglieder eigentlich keine Rolle spiele. Denn »jeder weiß, dass sie heilig ist«. »Wozu brauchen wir Wunder? Mutter Teresa selbst war das Wunder.«

»Ich komme nach Deutschland, weil die Bischöfe und das deutsche Volk nicht nachgegeben haben, mich einzuladen. Aber hauptsächlich kam ich aus Dankbarkeit, dass Deutschland unseren Armen und uns geholfen hat, und weil sie uns Schwestern geschenkt haben, die draußen im Dienste der Ärmsten der Armen stehen.«

MUTTER TERESA

Schon als Jugendliche war für Mechthild Pierick (geboren am 13. Mai 1953) klar, dass sie ein Leben für Gott führen wollte. Malcolm Muggeridges Buch über Mutter Teresa beeindruckte sie sehr, und eine persönliche Begegnung mit der Ordensgründerin auf dem Katholikentag 1980 in Berlin gab schließlich den Ausschlag, dem Orden beizutreten. Die folgenden Jahre verbrachte sie vor allem in Rom, Neapel und Madrid, sie begleitete Mutter Teresa auf mehreren Auslandsreisen und dolmetschte für sie in Rom. Mutter Teresa selbst berief Schwester Mary Prema dann nach Kalkutta in den innersten Führungskreis des Ordens. Im März 2009 wurde die Deutsche zur neuen Generaloberin der Missionarinnen der Nächstenliebe gewählt, nachdem Schwester Nirmala sich aus gesundheitlichen Gründen von diesem Posten zurückziehen musste. Wie ihre Vorgängerin nahm auch Schwester Mary Prema nicht den Titel »Mutter« an, der innerhalb des Ordens wohl immer für die Ordensgründerin reserviert bleiben wird. In Kalkutta wird die Generaloberin nur »Schwester Prema« genannt. Der Name »Prema«, »Liebe« wurde Schwester Mary von Mutter Teresa selbst verliehen.

Keiner zweifelt daran, dass Schwester Prema, die von einer Jugendfreundin als Organisationstalent beschrieben wird, den Orden so weiterführen wird, wie es vor ihr Schwester Nirmala tat. Das Leben der Missionarinnen der Nächstenliebe unterscheidet sich kaum von früher. Auch 60 Jahre nach der Gründung der Glaubensgemeinschaft werden die von Mutter Teresa aufgestellten Regeln nach wie vor streng befolgt, und das gilt auch für die neue Generaloberin: Um 4.40 Uhr morgens steht sie auf, um 21 Uhr geht es nach dem Nachtgebet ins Bett – im gleichen Schlafsaal wie die anderen ca. 70 Schwestern, die sich im Mutterhaus in Kalkutta auf-

Auch die zweite Nachfolgerin Mutter Teresas, die deutsche Schwester Mary Prema, führt den Orden der Missionarinnen der Nächstenliebe im Sinne der Gründerin weiter.

halten. Ihre Umgangssprachen sind Englisch und Bengali, die persönliche Habe beschränkt sich auf die Ordenstracht, den Rosenkranz und Gebetsbücher.

Nach wie vor erhält der Orden auch ohne Spendenaufrufe Gelder. Die Ordensleitung ist der Publicity immer noch abgeneigt, und die Schwestern bleiben gerne im Hintergrund (auch wenn die Generaloberin im persönlichen Umgang als offen und verbindlich geschildert wird). Wer bei den Missionarinnen klingelt und um ein Interview bittet, wird von den Schwestern belehrt, dass Mutter Teresa nicht wollte, dass über sie geschrieben und berichtet wurde. Und ohne Genehmigung der nächsthöheren Instanz dürfen die Schwestern sowieso nichts sagen. »Sie wissen, wir sind zum Gehorsam verpflichtet«, heißt es dann. Informationen aus erster Hand zu bekommen, ist mehr als schwierig, denn der Weg führt von der »einfachen« Ordensschwester über die Oberin des Hauses hin zur Regionaloberin. Die ist viel unterwegs und höchstens telefonisch zu sprechen – wenn überhaupt.

Der Sitz der deutschen Regionaloberin – zurzeit Schwester Nada – ist in Essen, und hier befindet sich gleichzeitig die Ordenszentrale der Missionarinnen der Nächstenliebe für Europa. Fragt man Schwester Nada nach ihren

Die Lebensmittel zur Versorgung der Bedürftigen werden meist gespendet. Die Schwestern, hier in der Niederlassung in Essen, schaffen die Arbeit nur mit Unterstützung von freiwilligen Helfern.

Aufgaben als Regionaloberin, gibt sie an, den Orden offiziell gegenüber religiösen und zivilen Autoritäten zu vertreten und für die 95 Niederlassungen in 31 europäischen Ländern verantwortlich zu sein. Kein Wunder also, wenn sie nur wenig Zeit hat, auf neugierige Fragen zu antworten, denn abgesehen von den administrativen Aufgaben muss sie sich auch um das »spirituelle und apostolische Leben und Wirken« der Schwestern kümmern. Entsprechend groß ist ihr Verständnis dafür, dass die neue Generaloberin Schwester Mary Prema seit ihrer Ernennung Deutschland noch nicht besucht hat, schließlich ist diese ja für den gesamten Orden zuständig.

Insgesamt gibt es zehn Niederlassungen des Ordens im deutschsprachigen Raum, zwei davon in der Schweiz (in Zürich und Lausanne) und eine in der österreichischen Hauptstadt Wien. Hier hat Mutter Teresa einen engagierten Fürsprecher ihres Werks: den Priester Leo Maasburg, seines Zeichens Nationaldirektor des Päpstlichen Missionswerks in Österreich. Er hatte als einziger deutschsprachiger Priester einen sehr engen Kontakt zu ihr und begleitete sie auf vielen Reisen, auf denen er sowohl als Dolmetscher als auch als Beichtvater fungierte.

Auf zahlreichen Reisen machte Mutter Teresa auch Station in Deutschland. Von hier kamen nicht nur erhebliche Spendengelder, sondern sie erhielt auch eine Vielzahl an Einladungen zu Vorträgen und Veranstaltungen. Die deutsche Prominenz – sowohl Politiker als auch Vertreter der Kirche – ließ sich gerne mit der Ordensfrau fotografieren. Im Gegenzug mussten sie sich von Mutter Teresa die Frage gefallen lassen: »Kennt ihr die Armen eurer Stadt?« Auf dem Katholikentag 1978 in Freiburg soll sie kurzerhand das festliche Bankett mit den Ehrengästen (u. a. Bundespräsident Walter Scheel und Helmut Kohl, damals rheinland-pfälzischer Ministerpräsident) verlassen und in der Küche ein Schwätzchen mit den jugoslawischen Küchenhilfen gehalten haben. Der christdemokratische Ministerpräsident Lothar Späth von Baden-Württemberg musste sich vier Jahre später von ihr Kritik an der bundesdeutschen Asylpolitik anhören. In Mutter Teresas Worten hieß das: »Öffnen Sie die Tür, und Gott wird Sie segnen.« Auf der einen Seite nahm sie an den offiziellen Empfängen teil, auf der anderen Seite besuchte sie die örtlichen Gefängnisse und feierte dort mit den Häftlingen den Gottesdienst. Aus ihrer Sicht waren nicht die hochdekorierten Persönlichkeiten diejenigen, die ihre Aufmerksamkeit brauchten, sondern die Menschen am Rand der Gesellschaft. Wie in anderen westlichen Ländern auch gab es im wohlhabenden Deutschland genug ungewollte und ausgestoßene Menschen, denen die Missionarinnen der Nächstenliebe helfen konnten.

Pater Leo Maasburg, der Mutter Teresa auf einigen Reisen begleitete, führt seit 2005 das Päpstliche Missionswerk in Österreich. In Vorträgen und Interviews gibt er Auskunft über seine Erfahrungen mit der Ordensfrau.

Deswegen folgte Mutter Teresa der Einladung des deutschen Bischofs Franz Hengsbach gerne und schickte 1979 ihre Schwestern nach Essen. Das Bistum hatte ein Haus in der Gemeinde St. Barbara zur Verfügung gestellt, und die Ordensgründerin selbst war bei der Einweihung zugegen. Heute bekommen hier zwischen 20 und 80 Menschen zwischen Madonnenfiguren und Mutter-Teresa-Bildern Essen – nach dem »Vaterunser«. Die Niederlassung in Essen gibt sich heute nach außen hin etwas offener als die übrigen deutschen Häuser. Das mag daran liegen, dass die Stadt 2010 im Rahmen der Europäischen Union zur Kulturhauptstadt Europas gewählt wurde und das Bistum beschlossen hat, sich an dem umfangreichen Programm zu beteiligen. So wird das Haus der Missionarinnen der Nächstenliebe im Rahmen der Aktion »Spirituelle Kulturtankstelle im Bistum Essen« genannt und taucht mit einem fortschrittlichen Flyer auf, der Grundgedanken des Ordens und der Gründerin Mutter Teresa wiedergibt und sogar eine Einladung an Interessierte ausspricht, die Schwestern in ihrer Arbeit zu unterstützen.

1981 konnte Mutter Teresa zu ihrer großen Freude im Ostteil Berlins die erste Niederlassung der Missionarinnen der Nächstenliebe hinter dem

»Ihr im Westen habt Millionen von Menschen, die unter schrecklicher Einsamkeit und Leere leiden.«

MUTTER TERESA

Das Leben der soge-
nannten »Mutter-Teresa-
Schwestern« verläuft
nach wie vor nach den
Regeln des Ordens:
Nachmittags kümmern
sich zwei der Nonnen
außer Haus um
Bedürftige.

»Die Menschen haben
keine Zeit füreinander,
sie haben nicht einmal
Zeit, einander zuzu-
lächeln.«

MUTTER TERESA

Eisernen Vorhang eröffnen. Schließlich hatte das kommunistische Regime Gott den Menschen sozusagen vorenthalten, und entsprechend war hier die Bedürftigkeit besonders groß. Zwei Jahre später folgte ein Haus in Westberlin. Heute unterhalten die Ordensfrauen ein Haus für Gesamtberlin, passenderweise befindet es sich in Berlin-Kreuzberg (St.-Marien-Kirche). Mitten im sozialen Brennpunkt der Bundeshauptstadt betreiben die Schwestern hier eine Suppenküche und geben täglich für ca. 200 Bedürftige Essen aus. Die zweite Niederlassung auf DDR-Gebiet wurde 1983 in Chemnitz (damals noch Karl-Marx-Stadt) in der Markusstraße eröffnet. Zunächst mit einer Wohnung als Stützpunkt kümmerten sich die Schwestern um Alte, Kranke und Hilfsbedürftige. 1995 konnten sie ein kleines Haus in der Gießerstraße 2 beziehen und dort eine Suppenküche einrichten. Für Obdachlose stehen heute auch Übernachtungsmöglichkeiten zur Verfügung. Oberin der vier Schwestern – drei stammen aus Indien, eine aus Deutschland – ist Schwester Pauline. »Die Menschen fühlen sich bei uns akzeptiert, der meist regelmäßige Besuch unserer Suppenküche gibt ihnen Halt und ein Stück Heimat«, stellt sie fest. Vor dem Essen wird gebetet, betont sie, aber: »Es müssen nicht alle mitbeten, aber ich erwarte eine gewisse Haltung von unseren Gästen.« Das wird allgemein akzeptiert. Manchmal nehmen die Missionarinnen im Rahmen der Gemeindearbeit auch an Veranstaltungen teil bzw. stellen ihre Räumlichkeiten zur Verfügung, wie z. B. für eine Diskussion im Rahmen der Ökumenischen Bibelwoche 2010 mit anschließendem gemeinsamen Essen. Auch für katholische Jugendgruppen aus anderen Städten sind die Ordensfrauen ansprechbar – und stehen sogar für ein Gruppenfoto zur Verfügung.

Seit 1985 arbeiten die Schwestern auch in Mannheim, zunächst im Stadtteil Hochstätt, dann in der Neckarstadt, wo das Erzbischöfliche Ordinariat ein Haus zur Verfügung gestellt hat. Die Schwestern unterhalten hier u. a. einen Kleiderfundus, aus dem sich Bedürftige etwas heraussuchen dürfen. Im September 2008 wurde die neue Suppenküche der Missionarinnen in den Räumlichkeiten in der Draisstraße feierlich eingeweiht. Zu diesem Anlass kamen auch Schwestern aus anderen deutschen Niederlassungen nach Mannheim, und Dekan Karl Jung überreichte den Schwestern feierlich eine Suppenkelle.

Mitten in St. Pauli befindet sich das Hamburger Haus des Ordens, »Haus Bethlehem« genannt. Neben der Ausgabe von Frühstück und einem warmen Essen am Wochenende bieten die Schwestern hier eine Zuflucht für wohnungslose Frauen und Kinder (rund 16 Betten stehen zur Verfü-

NIEDERLASSUNGEN DER MISSIONARINNEN DER NÄCHSTENLIEBE IM DEUTSCHSPRACHIGEN RAUM

Österreich:
Mariahilfer Gürtel 11
1150 Wien
Telefon: 01-8 93 42 79

Schweiz:
Missionnaires de la Charité
Chemin de la Forêt 2
1018 Lausanne
Telefon 021-6 47 31 35

Deutschland:
Essen
Elisenstraße 15
45139 Essen
Telefon 0201-23 56 41

Berlin
Wrangelstraße 51
10997 Berlin
Telefon 030-6 12 64 08

Chemnitz
Gießerstraße 2
09130 Chemnitz
Telefon 0371-4 01 50 30

Mannheim
Draisstraße 19
68169 Mannheim
Telefon 0621-31 66 69

Hamburg
Budapester Straße 23a
20359 Hamburg
Telefon 040-3 19 56 01

München
Plinganserstraße 22
81369 München
Telefon 089-77 62 81

Frankfurt
Münchener Straße 23
60329 Frankfurt
Telefon 069-24 24 93 21

gung). 1989 besuchte Mutter Teresa Hamburg und wurde vom katholischen Priester Joachim von Stockhausen gebeten, Schwestern hierherzuschicken. Ein Jahr später wurde das Haus in der Budapester Straße eröffnet. Natürlich gibt es auch in der Hamburger Niederlassung keinen Fernseher und kein Radio, und die Wäsche wird mit der Hand gewaschen. Eine Ausnahme machten die Schwestern allerdings im Oktober 2003, als sie gebannt die Seligsprechung ihrer Ordensgründerin durch Papst Johannes Paul II. am Fernseher verfolgten. Interessierte können den Ordensschwestern im Rahmen der christlichen Volkshochschule einen Besuch abstatten, und in der lokalen Presse ist von vielen Freiwilligen die Rede, die täglich dabei helfen, an rund 150 Bedürftige Essen auszugeben.

Kardinal Wetter schrieb im September 1990 höchstpersönlich einen Brief an Mutter Teresa und bat sie, auch in München eine Niederlassung zu gründen. Es gebe hier »viele Brennpunkte großer menschlicher Not«, schrieb er, und »es wäre ein Segen nicht nur für die Armen, sondern für mein

Im Schatten der mächtigen St.-Margareten-Kirche haben die Schwestern in München vor einigen Jahren ein renoviertes Haus bezogen.

ganzes Erzbistum, wenn das Licht der Nächstenliebe ... auch in München brennen würde.« Schon drei Wochen später soll Wetter einen handschriftlichen Brief von Mutter Teresa erhalten haben, in dem sie zusagte. Die Pfarrei St. Margareten stellte den vier Schwestern das Erdgeschoss in einem ihrer Häuser in der Kidlerstraße zur Verfügung, wo diese eine Suppenküche einrichteten. Später konnten die Ordensschwestern in ein neu renoviertes Gebäude in der Plinganserstraße 22 umziehen. Im Schatten der mächtigen St.-Margareten-Kirche werden hier 30 bis 40 Menschen täglich mit Essen versorgt, am Wochenende auch mehr. Die ausgegebenen Lebensmittel stammen zum Teil von der »Münchner Tafel« (einem mildtätigen Verein, der Notleidende mit Essen unterstützt), zum Teil auch von Münchner Gaststätten. Abgesehen von der Ausgabe von Essen sind die Schwestern jeweils zu zweit unterwegs und besuchen Hilfsbedürftige. Unterstützt werden sie in ihrer Arbeit durch eine der Mitarbeitergruppen Mutter Teresas, in München soll diese ca. 40 Leute umfassen, die ehrenamtlich den Ordensschwestern helfen. (In Deutschland gibt es zwei organisierte Mitarbeitergruppen: eine in München und eine in Hamburg.)

Das Haus der Missionarinnen der Nächstenliebe in Frankfurt a. M. befindet sich inmitten des zwielichtigen Rotlichtviertels. »Nonnen helfen Huren«, lautete 2001 die Überschrift einer Meldung im *Spiegel*, und tatsächlich gehören Prostituierte ebenso zur »Kundschaft« der Schwestern wie Drogensüchtige und Obdachlose.

Wenn man bedenkt, dass laut den Ordensregeln im Normalfall nur vier Schwestern sowie eine Oberin pro Haus arbeiten (nur in Essen sind es teilweise mehr), ergibt das eine Gesamtzahl von maximal 37 Ordensfrauen in Deutschland – nicht gerade viel angesichts von knapp 28 000 Schwestern in Frauenorden in Deutschland. Und doch werden die Frauen in den weißen Saris von den Leuten auf der Straße von erstaunlich vielen Menschen erkannt, zwar nicht als »Missionarinnen der Nächstenliebe«, sondern als »Mutter-Teresa-Schwestern« oder auch als »Indien-Schwestern«, wie die oft dunkelhäutigen Schwestern nicht nur in Rom, sondern auch im Ruhrpott genannt werden.

Generationenübergreifend ist »Mutter Teresa« heute ein fester Begriff, der für selbstlose Nächstenliebe steht. Für den gläubigen Menschen mag es Gottes Wille gewesen sein, der aus dieser einfachen Frau eine weltweit bekannte Persönlichkeit machte. Der distanzierte Betrachter wundert sich nach wie vor, wie dies geschehen konnte. Tatsache ist, dass das Bild der kleinen Nonne mit dem zerfurchten Gesicht und dem weißen Sari immer noch in den Köpfen der Menschen fest verankert zu sein scheint. Zwar hat sich das Wachstum des Ordens seit dem Tod der Gründerin deutlich verlangsamt, aber immer noch haben die Missionarinnen der Nächstenliebe keine Nachwuchssorgen. Laut Schwester Nada treten jedes Jahr etwa 100 neue Schwestern in den Orden ein, und nur wenige verlassen ihn wieder (hier werden keine Zahlen genannt). Schwester Nada macht sich keine Sorgen über den Fortbestand des Ordens: »Solange wir der Mission, den Ärmsten der Armen zu dienen, gemäß dem Geist und Charisma, das uns Gott durch Mutter Teresa anvertraut hat, treu bleiben«, solange werde der Orden weiter wachsen. Skeptischer scheint Postulator Brian Koldiejchuk, der sagt: »Ohne den Gründer ist es nie mehr das Gleiche« – aber vielleicht täuscht er sich, und Mutter Teresa behält das letzte Wort: »Macht euch keine Sorgen. Mutter kann für euch mehr tun, wenn ich im Himmel bin.«

2010 wäre Mutter Teresa 100 Jahre alt geworden. Sondermünzen werden geprägt, Feierlichkeiten allerorts anberaumt, und die albanische Regierung zeigt plötzlich ein starkes Interesse an den Gebeinen der Ordensfrau und will diese nach Tirana holen. Aus Sicht der indischen Regierung ist dies jedoch ein vollkommen unsinniges Anliegen, denn Indien sei schließlich ihre Heimat gewesen. Und wenn sich jetzt noch Mazedonien einmische (schließlich liegt die Geburtsstadt der Mutter Teresa heute auf mazedonischem Gebiet), mutmaßt die britische *Times*, könnte sich gar ein Dreifrontenstreit entfachen. Was hätte Mutter Teresa dazu gesagt? Vermutlich hätte sie nur den Kopf geschüttelt, sich umgedreht und wäre ihrer Arbeit nachgegangen.

Wie lange wird Mutter Teresa noch in den Köpfen der Menschen lebendig bleiben, und wie lange wird der von ihr geschaffene Orden noch von ihrer Berühmtheit profitieren? Die Veröffentlichung ihrer »geheimen« Briefe, durch die die Menschen von ihrer tiefen Verzweiflung erfuhren, haben ihr Ansehen auf jeden Fall nicht geschmälert, sondern eher das Gegenteil bewirkt. Keine Rolle für ihre Bekanntheit spielt auch, ob sie nun tatsächlich eine von Gott schwer geprüfte Mystikerin war, wie es die Theologen propagieren, oder eine einfache, sehr gläubige Frau, die wie jeder andere Mensch auch in ihrem Leben Hoffnungslosigkeit, Verzweiflung und Verlustängste meistern musste. Tatsache ist, dass sie Außergewöhnliches vollbrachte und dass ihre Selbstlosigkeit beispielhaft war. Ihre Grundeinstellung war, jeden Menschen, den sie traf, glücklicher zu machen, indem sie ihm mit unvoreingenommener, kompromissloser Liebe begegnete. Vielleicht sehnt sich jeder Mensch nach einer solchen Begegnung.

> »Gib der Welt das Beste, was du hast – es wird nicht genug sein. Trotzdem – gib weiter dein Bestes.«
>
> MUTTER TERESA

ZEITTAFEL

1910	26. August: Mutter Teresa wird als Agnes Bojaxhiu in Üsküb (dem heutigen Skopje) geboren.
1919	28. November: Plötzlicher Tod des Vaters.
1922	Agnes fühlt sich erstmals zu einem Leben als Nonne und Missionarin berufen.
1928	Aufnahme in den Loreto-Orden. Am 28. September reist sie zum Stammsitz des Ordens nach Rathfarnham in Irland.
1929	Am 6. Januar kommt die junge Schwester Teresa in Kalkutta an. Sie beginnt ihr Noviziat im Loreto-Kloster in Darjeeling/Nordindien.
1931	Am 24. Mai legt Schwester Teresa ihr erstes zeitliches Gelübde ab.
1937	24. Mai: Ablegen des ewigen Gelübdes. Nach den Regeln des Ordens heißt sie nun »Mutter Teresa«.
1937–1946	Mutter Teresa arbeitet als Lehrerin in der St. Mary's School in Kalkutta. 1944 lernt sie den Jesuitenpater Céleste van Exem kennen.
1946	16. August: Ganz Indien wird durch die Konflikte zwischen Hindus und Moslems erschüttert. 10. September: Mutter Teresa erfährt ihre zweite »Berufung«.
1948	Mutter Teresa nimmt die indische Staatsbürgerschaft an.
1949	Erste Räumlichkeiten in der Creek Lane. 26. November: Konstituierung der Republik Indien.
1950	7. Oktober: Papst Pius XII. genehmigt den neuen Orden der Missionarinnen der Nächstenliebe.
1953	Die Ordensmitglieder ziehen in die Lower Circular Road 54a um.
1954	Eröffnung des Sterbehauses *Nirmal Hriday* in Kalighat, Kalkutta.
1955	Eröffnung des Kinderhauses *Shishu Bhavan*.
1958	Der Orden erhält von Papst Johannes XXIII. die (vorzeitige) Erlaubnis zur Bildung von Niederlassungen außerhalb Kalkuttas.
1959	Erste stationäre Lepraklinik in Titagarh.

1960	Erste Auslandsreise Mutter Teresas (USA, Großbritannien, Deutschland usw.).
1962	Mutter Teresa erhält den »Ramon Magsaysay Award«.
1963	Gründung der Missionsbrüder der Nächstenliebe.
1965	Februar: Anerkennung des Ordens als Gemeinschaft päpstlichen Rechts.
1968	Die Missionarinnen der Nächstenliebe eröffnen ein Haus in Rom.
1969	Der britische Journalist Malcolm Muggeridge dreht einen Film über Mutter Teresa und ihren Orden in Kalkutta.
1972	12. Juli: Drana Bojaxhiu (Mutter) stirbt in Albanien. Ein Jahr später stirbt die Schwester Aga.
1973	Verleihung des Templeton-Preises an Mutter Teresa.
1975	Mutter Teresa reist als Gesandte des Papstes zur Weltfrauenkonferenz in Mexiko City.
1976	Gründung der Kontemplativen Missionarinnen der Nächstenliebe.
1978	»Balzan«-Preis für »Humanität, Frieden und Brüderlichkeit unter den Völkern«, Gründung der Kontemplativen Missionsbrüder der Nächstenliebe.
1979	10. Dezember: Verleihung des Friedensnobelpreises in Oslo.
1980	Verleihung des »Bharat Ratna«.
1981	Mutter Teresas Bruder Lazar stirbt in Palermo.
1984	Verleihung des »Damien-Dutton-Award«.
1985	Mutter Teresa erhält die »Freiheitsmedaille« der USA.
1989	Ende des Jahres erhält Mutter Teresa einen Herzschrittmacher.
1994	Christopher Hitchens Film *Hell's Angel* wird im britischen Fernsehen ausgestrahlt.
1997	13. März: Schwester Nirmala wird Generaloberin.
1997	5. September: Mutter Teresa stirbt in Kalkutta.
2003	19. Oktober: Seligsprechung durch Papst Johannes Paul II.

Bildnachweis:

© James Case: S. 82; © Nicole Cronauge: S. 27, 132, 134; © CRS: S. 64; © epa Darko Andonovski: S. 16; © Manuel Gómez (Magopi): S. 29; © Roberta Metzger: S. 136; © Missio, Päpstliche Missionswerke in Österreich: S. 133; pd: S. 12, 13, 15, 19, 22, 53, 65, 67, 72, 78, 83, 84, 85, 87, 90, 94, 98, 101, 115, 116; © Picture alliance/dpa, Frankfkurt: S. 9, 25, 31, 36, 40, 42, 43, 45, 46, 49, 50, 52, 54, 55, 57, 59, 61, 62, 66, 69, 70, 74, 75, 77, 81, 89, 92, 95, 96, 97, 99, 102, 103, 105, 107, 108, 111, 112, 114, 117, 118, 121, 122, 123, 124, 125, 126, 128, 129, 131; p.a./akg: S. 63; p.a./Mary Evans Picture Library: S. 32, 35; Oscar Porter: S. 9; © Verlag Herder GmbH, Freiburg i.B., S. 11, 21.

Produktmanagement: Dr. Birgit Kneip
Textlektorat: Linde Wiesner, München
Grafische Gestaltung: Frank Duffek, München
Umschlaggestaltung: Studio Schübel Werbeagentur GmbH, München
Litho: Repro Ludwig, Zell am See
Herstellung: Bettina Schippel

Bibliografische Information der Deutschen Nationalbibliothek
Die Deutsche Nationalbibliothek verzeichnet diese Publikation in der Deutschen Nationalbibliografie; detaillierte bibliografische Daten sind im Internet über http: //dnb.d-nb.de abrufbar

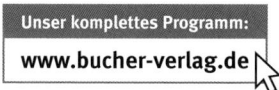

Unser komplettes Programm:
www.bucher-verlag.de

© 2011 Bucher Verlag, München
Alle Rechte vorbehalten
Druck und Bindung: Korotan Ljubljana d.o.o., Slowenien
ISBN 978-3-7658-1829-5